# 実践！事務所の「5S」

小林啓子・著

同文舘出版

# はじめに

「5S」とは、「整理・整頓・清潔・清掃・しつけ」を表し、改善・改革活動の第一歩と言われていることは、皆さんすでにご存じかもしれません。

5Sというと、要らない物を捨てて、きれいに掃除し、片づけることだと思われがちです。

しかし、本当の5Sとは、職場で発生しているさまざまなムダを排除して、業務効率の良い職場づくりを推進することです。

多くの方は、「5Sは、工場や作業現場を対象とした活動」と思われておりましたが、最近では、事務所においても5Sに着目している企業が多くなってきています。

環境変化が厳しい昨今では、管理・間接部門である事務所においても、コストを切り詰め、業務の成果を最大限にあげることが求められるようになってきました。

事務所にはたくさんのムダが潜んでいます。皆さんの職場を見渡してみてください。机の上には山積みの書類、引き出しの中には黒や赤のボールペンが3・4本、消しゴムも2・3個、キャビネットの中は物で溢れかえっていませんか？　まさしく業務停滞のムダ、経費のムダ、スペースのムダです。

また、近年は政策の一つとして「働き方改革」が取り上げられております。働きやすい環境づくり、業務のムダを排除して長時間労働を改善していく改革手段として「事務所の5S」はとても有効的な手法であると言えます。

本書では、著者が21年間140社以上にわたるコンサルティングを通じて、企業の皆様と一緒に生み出した5Sのテクニックや具体的な進め方、維持定着化のポイントなどを解説しています。

また、各企業のお許しを得て、成功事例を紹介させていただきました。皆さんが実際に5S活動をしていく中で、必ず参考にしていただけるヒントがあるかと思います。著者のコンサルティング先の多くは、ハイレベルな5Sが維持定着しています。明るく、いきいきとした雰囲気の中で、ムダのないしくみが確立し、お客様に感動を与える職場に変身を遂げています。

事務所の5S活動を進めていく中においては、推進メンバーの方が個性的で、自己主張が

強かったり、大変保守的であったりする場合が少なくありません。5Sの導入や推進には、業務とは違った難しさがあります。

本書では、実際の事例を評価、反省した中で体得した、「どうしたら5Sを円滑に導入・推進できるか、その留意点・ポイントは何か」「5Sを維持定着させ、企業の発展に寄与できるようにするためには何が必要か」など具体的なノウハウとともに、事務所の5S活動の進め方について説明いたします。

現在、事務所の5Sに取り組まれている方や、これから取り組もうとされている皆さんの参考にしてくださいましたら、幸いです。また、現在の事務所の雰囲気、仕事のしくみ、さらには成果に不満を持っている方々にも読んでいただきたいと思っています。

小林啓子

CONTENTS

**実践！　事務所の「5S」**
オフィスのムダをなくして業務効率アップ！

はじめに

## 1章　事務所の5Sが必要なワケ

1　事務所の5Sとは？ …… 12
2　なぜ、5Sが必要なのか？ …… 14
3　ムダが一番多いのは個人机 …… 16
4　5Sの真の目的とねらい …… 18
5　誰でもできる5Sの推進手順 …… 20
COLUMN①　5Sの実践者の声 …… 22

## 2章　5S成功の秘訣はワンベスト管理

1　ワンベスト管理とは？ …… 24

## 3章 まずは整理から始めよう

| | |
|---|---|
| 1 整理を始める前に準備すること | 38 |
| 2 物の整理 | 40 |
| 3 不要品を判断するための整理基準 | 42 |
| 4 書類の整理 | 44 |
| 5 個人机の整理 | 46 |
| 6 個人机の引き出しの整理 | 48 |
| 7 キャビネットの物の整理 | 50 |
| 8 キャビネットの書類の整理 | 52 |
| 9 共有場所の整理 | 54 |
| 10 思いきってレイアウト変更をしよう | 56 |
| COLUMN③ 整理がうまくいくチェックリスト | 58 |

2 ワンストックで経費削減 ……… 26
3 ワンロケーションで事務所のムダを排除 ……… 28
4 ワンファイルで情報の共有化 ……… 30
5 ワンアクションで業務の効率化を実現 ……… 32
6 ワンシステムで仕事はスムーズに ……… 34
COLUMN② ワンベストで意識改革 ……… 36

## 4章 整頓は5Sの要

1. 整頓の3要素 ... 60
2. 物は最適な置き場所に置く ... 62
3. 業務効率を実現した置き場所の事例 ... 64
4. 置き方の工夫でスペース確保 ... 66
5. 取り出しやすく戻しやすい置き方の事例 ... 68
6. 表示の種類と目的 ... 70
7. 見やすく探しやすい表示のテクニック ... 72
8. 事務用品・消耗品の発注・在庫管理 ... 74
9. 貸出し管理 ... 76
10. 整頓の徹底には運用ルールが必要 ... 78

COLUMN④ 街の中で見つける整頓のヒント ... 80

## 5章 個人机は5Sの原点

1. 個人机の5Sとは？ ... 82
2. 個人机の管理基準 ... 84
3. 個人机の引き出しの整頓 ... 86
4. 事務用品はワンベスト姿絵置きですっきり ... 88

# 6章 清掃は5Sの最後の仕上げ

1 見えない汚れと気づかない汚れ ... 104
2 5Sの清掃とは？ ... 106
3 5Sの清掃の目的 ... 108
4 清掃の推進手順 ... 110
5 清掃基準・分担表のつくり方 ... 112
6 清掃用具置き場の設置と5S ... 114
7 毎日清掃と定期清掃 ... 116
8 汚れ発生防止策 ... 118
9 清掃点検のやり方 ... 120
COLUMN⑥ 清掃を習慣化するポイント ... 122

5 仕掛書類の整頓 ... 90
6 仕掛書類ボックス管理による成果 ... 92
7 仕掛伝票管理も5Sの対象 ... 94
8 個人への配付書類の管理 ... 96
9 共有ワークエリアで作業しよう ... 98
10 フリーアドレスの5Sの方法 ... 100
COLUMN⑤ 個人机の5Sは皆で楽しくやろう！ ... 102

## 7章 ファイリングで業務効率アップ

1 ファイリングシステムとは？ …… 124
2 ファイリングの問題点 …… 126
3 ファイリングシステムの構築手順 …… 128
4 業務分類表で仕事の見える化を実現 …… 130
5 業務ファイルと物件ファイル …… 132
6 保管場所の見直し …… 134
7 ファイル基準表の作成方法 …… 136
8 保管・保存と循環ファイルとは？ …… 138
9 見やすい背表紙と中仕切りの作成 …… 140
10 業務改善につながるファイリングシステム …… 142
COLUMN⑦ 保管期間のスタートの考え方 …… 144

## 8章 5S実践の成功事例11

1 個人机の5S成功事例（株式会社 名晃）…… 146
2 仕掛書類管理の5S成功事例（ヤンマー株式会社 特機エンジン事業本部）…… 148
3 仕掛伝票管理の5S成功事例（株式会社 名晃）…… 150
4 事務用品在庫置き場の5S成功事例（ヤンマー株式会社 特機エンジン事業本部）…… 152

## 9章 5Sがうまくいく推進の方法

- 5 複合機を中心とした共有ワークエリアの5S成功事例（ヤンマーエンジニアリング株式会社） …… 154
- 6 共有梱包作業場の5S成功事例（富士電機株式会社東京事業所 機器生産センター） …… 156
- 7 OA機器の貸出し管理の5S成功事例（ヤンマーエンジニアリング株式会社） …… 158
- 8 製品カタログ置き場の5S成功事例（AGCマテックス株式会社） …… 160
- 9 商談室兼会議室の5S成功事例（大信産業株式会社） …… 162
- 10 給湯室・食堂の5S成功事例（大信産業株式会社） …… 164
- 11 物流部門のファイリングシステムの成功事例（旭硝子株式会社 愛知工場） …… 166
- COLUMN⑧ "ご自慢の場所"と"お気に入りの場所" …… 168

- 1 5Sはトップダウンで推進 …… 170
- 2 推進事務局がキーマン …… 172
- 3 5S推進エリアは公平に分担し全員参加で …… 174
- 4 あるべき姿を描こう …… 176
- 5 「5Sの心」を持とう …… 178
- 6 ステップバイステップで成果を実感しよう …… 180
- COLUMN⑨ 5Sでできる社内コミュニケーション …… 182

## 10章 事務所の5S　維持定着化のポイント

1 3Sの徹底で本格的な5Sへ……184
2 新人や異動者も仲間入り……186
3 管理責任者の役割を明確にしよう……188
4 チェックを習慣化しよう……190
5 維持定着のポイントは5S基準の管理……192
6 ファイリングシステムの維持定着……194
7 イベントで活性化しよう……196

おわりに

カバーデザイン　三枝未央
本文デザイン・DTP　相羽裕太（株式会社明昌堂）

# 1章 事務所の5Sが必要なワケ

# 事務所の5Sとは?

●正しい5Sの基礎知識

5Sは、整理をして清掃することだと思っている管理者が少なくありません。

「得意先や会社の幹部が明日来るから、とりあえず事務所をきれいにしろ」との指示で、あわてて床に放置されたダンボールや、机の上の雑然とした書類をダンボールに詰め込み、扉のついたキャビネットの中に押し込んで、見える範囲だけを片づけて掃除します。しかし、しばらくするとまた元の雑然とした状態に戻ってしまうことでしょう。

5Sを成功させるためには、5Sの定義と目的を理解し、正しい推進手順で進めることが大事です。

5Sとは、次の5つのことを示します。

**整理（SEIRI）**……要る物と要らない物とを区分けし、要らない物を処分すること

**整頓（SEITON）**……必要な物がいつでも誰でも使用できるように、所定の場所にきちんと置くこと

**清掃（SEISOU）**……身の回りの物や職場をきれいに掃除すること

**清潔（SEIKETSU）**……誰が見ても誰が使っても不快感を与えないようにきれいに保つこと

**しつけ（SHITSUKE）**……職場のルールや規律を守ること

●5Sの目的は効率の良い職場環境づくり

事務所の開設や引越し時には、比較的物は少なく、どこに何を配置したら効率良く仕事ができるかレイアウトを考えて什器や物が配置されますが、次第に必要な物の種類と量が増えていきます。

また、時の経過とともに使用しなくなった備品や読まなくなった雑誌、書籍も増えていきます。使わなくなった物はそのまま放置されてしまうため、新しく購入した物は保管する場所がなくなって、あちらこちらに置かざるをえなくなり、必要な物がすぐに探すことができなくなってしまいます。

事務所の5Sとは、整理、整頓、清掃、清潔、しつけによって、このような事務所のムダをなくし、効率良く仕事ができる環境に変える活動です。

## 事務所の5Sの定義

### 整　理
要る物と要らない物に区別して、要らない物を処分する
→ 広々としてすっきりした職場にしよう

### 整　頓
要る物を所定の場所にきちんと置く
→ 誰もが物や書類を探せるようにしよう

### 清　掃
身の回りの物や職場の物をきれいに掃除する
→ 衛生的・健康的な職場にしよう

### 清　潔
誰が見ても、誰が使っても不快感を与えないようきれいに保つ
→ 統一感のあるピカピカの職場にしよう

### しつけ
職場のルールや規律を守る
→ いつまでも5Sが維持できるようにしよう

**POINT** 事務所のムダをなくし、効率良く仕事ができる事務所づくりをめざそう

# なぜ、5Sが必要なのか？

## ●周りを見渡せば、ムダだらけ？

現在、どの会社も厳しい環境の下で、全ての部門が徹底的なコストダウンや業務の効率化を求められていると思います。それにもかかわらず、事務所を見渡せば、いろいろなムダの温床になっていないでしょうか？

机の上には山積みの書類、引き出しの中は事務用品や書類が詰め込まれていませんか？　キャビネットの中は書類やパンフレット、雑誌、備品、サンプル、何が入っているのか判断がつかない段ボールなど物で溢れかえっていないでしょうか？

背表紙が未記入で、どのような書類が収納されているのか判断できないファイルも散見されます。机の下やキャビネットの上が段ボールや紙袋で占領されているようであれば、地震が起きたら人命の危機にもつながります。

## ●ムダをなくせば仕事が楽しくなる！

今、ようやく多くの会社が、書類を探すムダ、物を探すムダ、余剰在庫のムダ、コストのムダ、コピーのムダ、スペースのムダ、手直し修正のムダ、コミュニケーション不足によるムダなどといった、大量の「事務所のムダ」が経費増大の原因となり、さらにミスの発生やお客様への応対遅れなど業績にも大きな影響を与えてしまっていると気がつき始めました。

読者の皆さんも、これらのムダにはなんとなく気づいていたはずですね。しかし、自分一人で改善できることではありませんし、それを提案する勇気と時間がなかったのかもしれません。

ムダは、お金にならない仕事です。ムダな仕事のために時間を費やし、日々残業をする結果になっていませんか？　5Sでこれらのムダを取り除き、経費削減に貢献し、仕事がしやすい事務所づくりをしていきましょう。

また、5S活動は、「物の見える化」を実現します。「物の見える化」とは、事務所で効率良く仕事をするために、何が、いくつ、どこに保管されていたらよいかが、一目でわかるようになることです。

毎日出社するのが楽しみになるような職場環境に改善する手段として誰でも取り組めるのが、5Sの活動なのです。

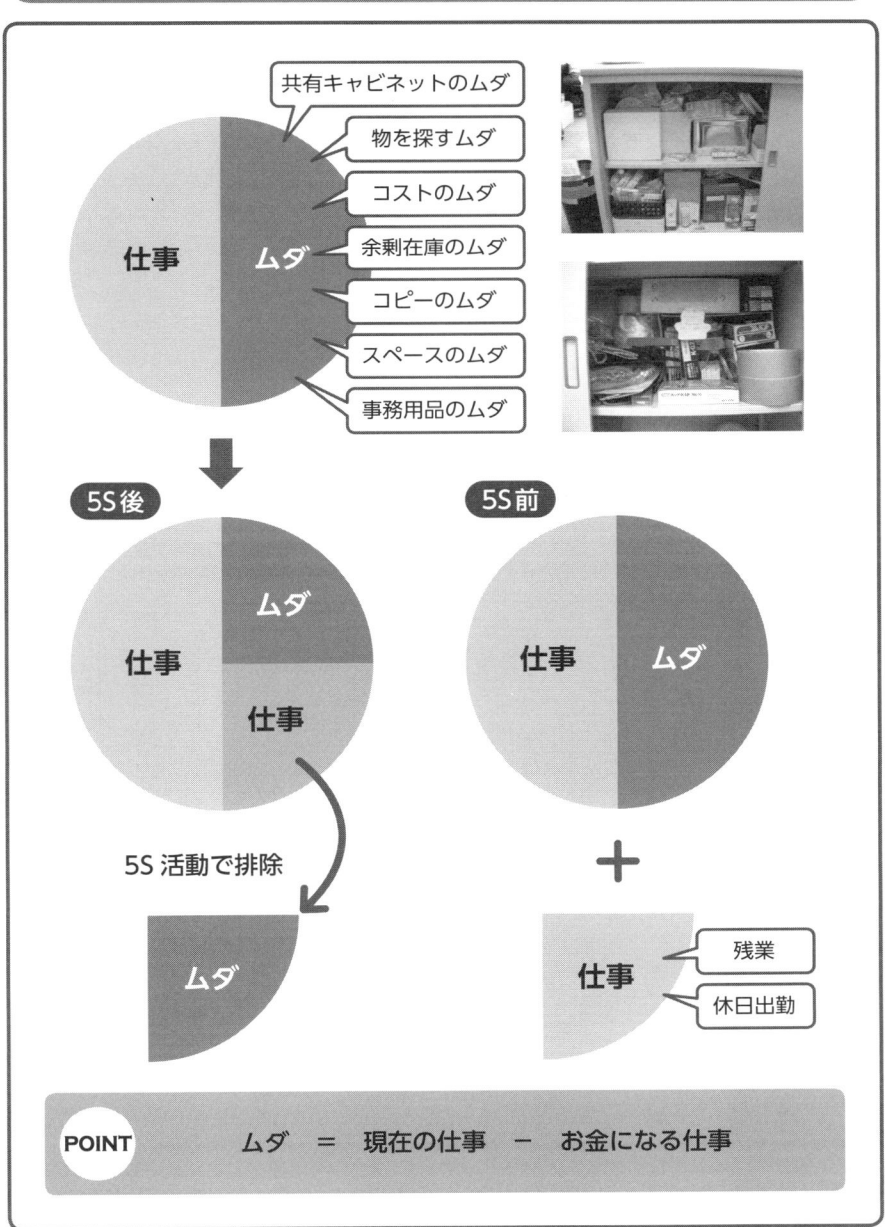

# 3 ムダが一番多いのは個人机

## ●山積みの書類は要注意

事務所で特に業務のムダが発生しているのが、山積みの書類の机です。山積みの机の引き出しの中は、さまざまな書類で溢れかえっていることでしょう。机の下にもたくさんのファイルが置きっぱなしになっているはずです。

これらの書類は、まだ目を通していない書類、今処理している書類、中断してしまっている書類、回覧すべき書類、提出する書類、ファイルする書類、廃棄する書類など、さまざまな業務の状態のものが入り混じっています。出張が多くて見る時間がない、ファイルする時間がないなど、山積みの状態になってしまう言い訳もあるかと思いますが、こうしたムダには問題がいくつも潜んでいることに気づいてください。

### 問題点① お客様への対応遅れ

問い合わせの電話があった際に該当書類を探せず、お客様をしばらく待たせた上、後でかけ直すことになっているしまう……といった経験はありませんか？ ましてや、担当者が出張中だったりすると、周囲の人が対応できずお手上げです。

### 問題点② 提出納期遅れ

提出期限が先の場合、どうしても処理を後回しにしてしまいがちです。結果、提出先からの督促であわてて処理をするため、チェックの余裕もなく、不備が発生して再作成を要求されたりしたことはありませんか？

### 問題点③ 重要書類の紛失

山積みの書類の上にうっかり重要書類を置いてしまうことがあります。重要書類が他の書類の中に紛れてしまい、必死に探した経験はありませんか？ 見つかれば幸いですが、再作成したり、再入手したりした苦い経験はないでしょうか？

## ●書類の半分以上は捨てられる

一般的には、山積みの書類の半分以上は、廃棄してもよい書類とファイルすべき書類です。廃棄してもよい書類とは、清書済みの原稿、期限が過ぎた案内など、用済みの書類のことです。5Sに着手すれば、すぐに山は崩れるはずです。

個人机の整理の方法は、3章で詳しく紹介しています。

# 1章　事務所の5Sが必要なワケ

## 山積みの書類には問題が潜んでいる

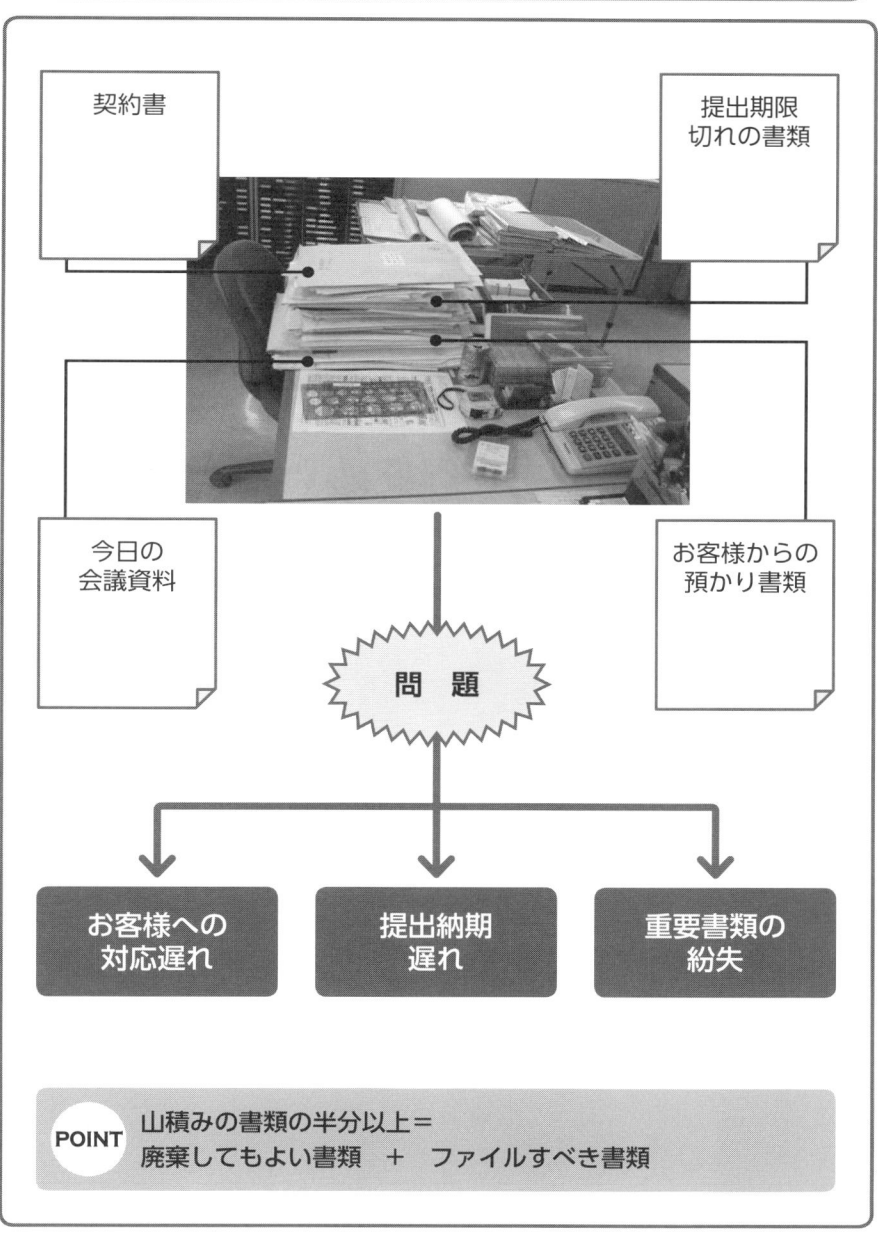

- 契約書
- 提出期限切れの書類
- 今日の会議資料
- お客様からの預かり書類

→ 問題

- お客様への対応遅れ
- 提出納期遅れ
- 重要書類の紛失

**POINT**　山積みの書類の半分以上＝
廃棄してもよい書類　＋　ファイルすべき書類

# 5Sの真の目的とねらい

●5Sの目的はきれいにするだけではない

事務所で5Sを実施する目的は、会社によってさまざまです。

たとえば、「社員増員のための個人机を入れるスペースを確保するために不要物を整理しよう」「大切なお客様が来社されるので、きれいにしよう」「事務所移転に伴い書類の整理をしよう」など、あるきっかけで5Sを行うことが多いのです。しかし、それが一時的なものでは意味がありません。

5Sは、事務所のムダをなくして効率良く、快適に仕事ができる環境を維持していく活動です。その目的は、次のようなものがあります。

① 業務の質の向上と効率化を図ること
② 仕事を早く進めるようにすること
③ ムダをなくすこと
④ 経費を削減すること
⑤ 事務所のスペースを有効に活用すること
⑥ 快適な職場をつくること

●5Sによって根づくリーダーシップとチームワーク

また、5Sにはさらなるねらいがあります。それは人財づくりです。5Sは、**社員が分担し、協力し合って行う全員参加の活動**です。その結果、必然的に取りまとめ役となる推進リーダー（詳しくは9章）ができます。

推進リーダーは、活動を円滑に進めるために部員に働きかけ、励ましたり、褒めたりして仲間を増やし、協力を仰ぎます。

もちろん、推進リーダー自身も率先垂範します。自分自身の行動力も上がりますし、また、活動を通して仲間や上司、部下に対するリーダーシップを自然と身につけることができます。

すると、次第にチームワークも良くなり、さまざまなアイデアや工夫が出始めます。また、今まで話しにくかった人とも話しやすくなって、それまで気づかなかった能力を発見することもできるでしょう。

5S活動を通してリーダーシップやチームワークが養成され、会社の財産となる人が育っていくのです。

# 1章 事務所の5Sが必要なワケ

## 事務所の5S活動の目的とねらい

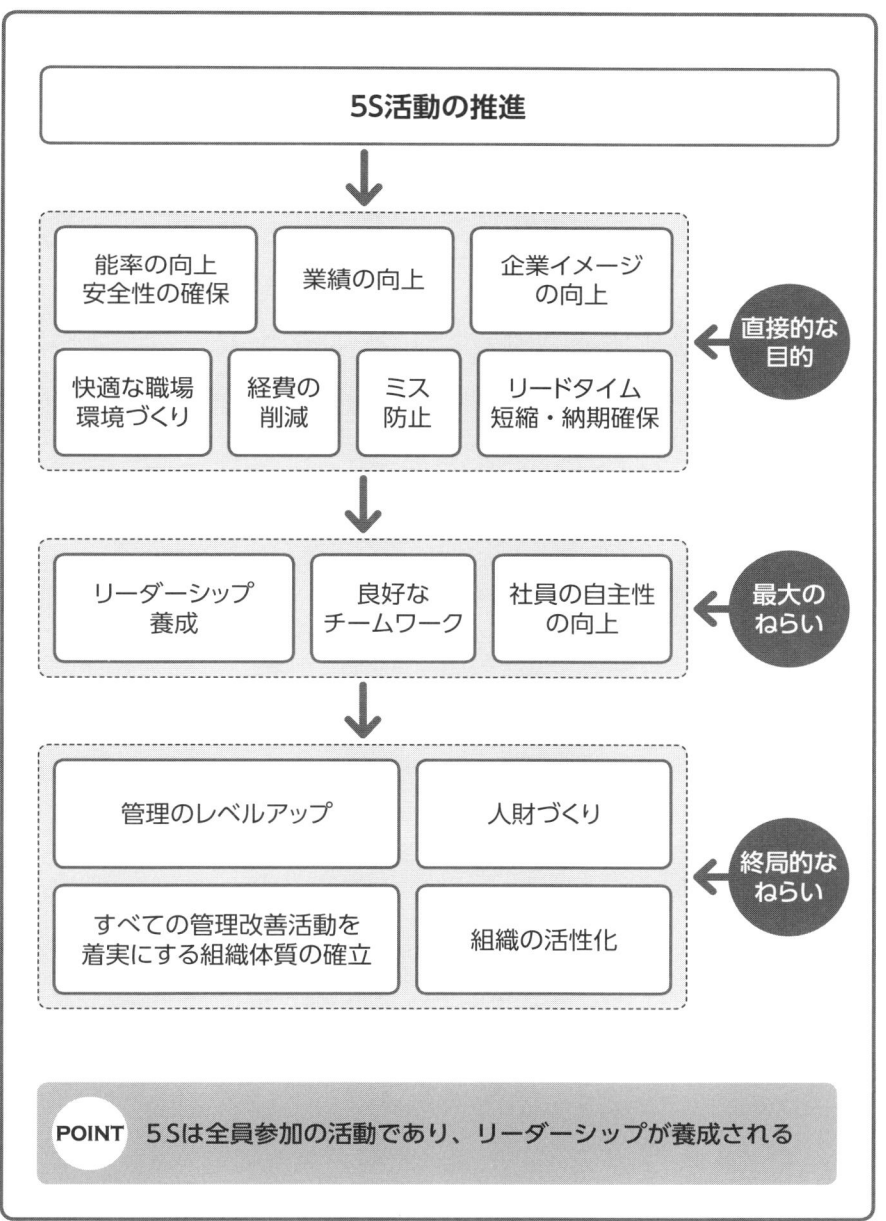

POINT　5Sは全員参加の活動であり、リーダーシップが養成される

# 5 誰でもできる5Sの推進手順

5Sを思いつきやなりゆきで実施しても中途半端になってしまい、長続きしません。せっかく時間と労力とコストをかけて実施するのであれば、成果に結びつく活動にしたいものです。

5Sを維持定着させるには、次の手順にそって進めていくことが大切です。

### 手順① 事前準備

5Sは、一人でもできます。しかし、それでは個人机や自分が担当するエリアに限定されてしまい、真の5Sの目的が達成できません。全員で5Sを進める体制づくりと推進エリアを決定します。9章をご確認ください。

### 手順② 教育

全員が5Sの目的を理解し、スムーズに実行できるようにするために、5Sの知識とテクニックを習得する勉強会を開きましょう。

### 手順③ 整理

いよいよ5Sスタートです。まずは整理からです。整理には「物の整理」と「書類の整理」があります。整理する場所は、主に個人机と共有キャビネットです。はじめは個人机から整理します。整理のやり方は3章で解説します。

### 手順④ 物の整頓

事務所がすっきりしたら整理が完了です。次は物の整頓です。必要な物を最適な場所で管理できるようにします。物の整頓の具体的な進め方は4章で説明します。

### 手順⑤ 清掃

清掃は毎日実施されているかと思いますが、従来の清掃と5Sの清掃とは異なります。清掃の具体的な進め方は6章で説明します。

### 手順⑥ 書類の整頓（ファイリングシステムの構築）

書類の整頓とは、ファイリングシステムの構築です。ファイリングシステムの構築方法は7章で説明します。

### 手順⑦ 維持定着化

清潔は、整理、整頓、清掃の「3S」を徹底的に実行することです。しつけは、維持定着をしていく力です。まずは手順1～6の3Sから始めましょう。

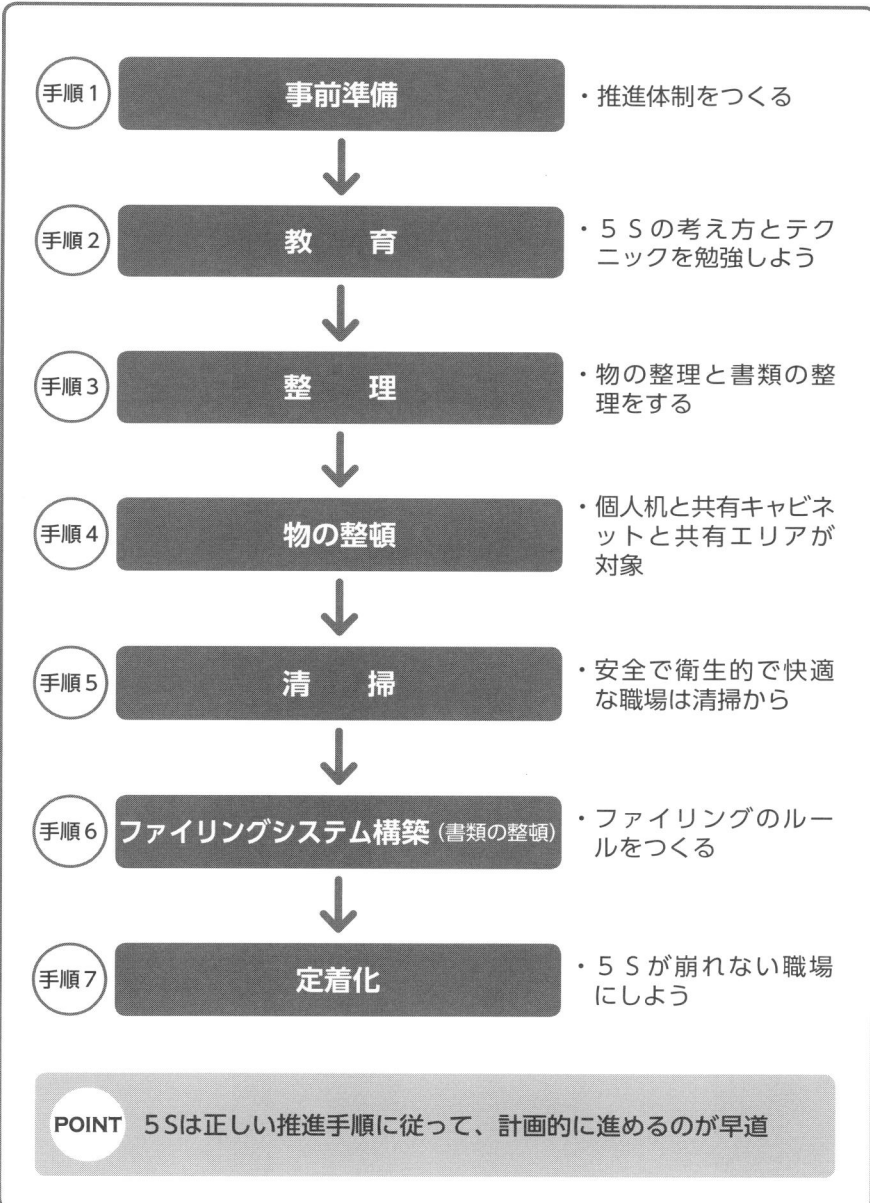

## COLUMN 1

## 5Sの実践者の声

　5Sは、最初は誰もがやりたくないと思っています。しかし、5Sをやっていくうちに良さに気づき、やってよかったという声が出てきます。諸先輩の声を励みにしましょう。

> お客様からいつもきれいにきちんと管理されているねと褒められました。

> 書類の整理は大変だったけど、今は、仕事がしやすくなってよかった。

> 職場が明るくなった。
> やろうと思ったらなんでもできるんだね。

> 意外とみんな器用でしたね。
> ○○さんが道具をつくってくれて助かりました。

> 気がつかなかった問題点がハッキリわかりました。

> まず、だまされたと思ってやってみよう！　でスタートしました。「だまされてよかった」が実感です。

# 2章 5S成功の秘訣はワンベスト管理

# ワンベスト管理とは?

## ●管理のキーワードは「ワン (one)」

5Sは、「ワンベスト管理」の考え方で進めます。

ワンベスト管理とは、物の置き場所を1カ所にまとめ、保管数量は1個、ファイルは1冊などと定めて管理をすることです。5Sをワンベスト管理で進めると、時間の節約、スペースの節約、経費の削減ができます。

以下に、ワンベスト管理の9つの方法をご紹介します。

### ①ワンストック

各個人の机の引き出しの中にある事務用品は必要な種類だけにし、「1個持ち」にしましょう。黒のボールペンは1本、消しゴムも1個です。

### ②ワンロケーション

事務用品、書籍、図面、カタログなどの置き場所は、1カ所に集中して保管しましょう。あちらこちらに分散して置くとスペースが必要になり、在庫も増えます。

### ③ワンファイル

書類は、個人で保有するのではなく、課やグループで1冊のファイルを共有キャビネットで管理します。

### ④ワンペーパー

資料は、PDCA、起承転結を簡潔にして、1枚でまとめるようにしましょう。大量の資料は、読む人の時間を浪費してしまいます。

### ⑤ワンオリジナル

書類は、原紙を皆で大切に使いましょう。その都度コピーするのは、コピー代も時間もムダです。

### ⑥ワンサイズ

保管資料の基本はA4サイズに統一しましょう。

### ⑦ワンフォーム

標準様式は1種類に設定します。

### ⑧ワンアクション

物は業務や用途に関連した置き場所に置きます。また、取り出すときや収納するときに、スピーディーに作業できるような置き方をして、1回で作業が完結できる環境にしましょう。

### ⑨ワンシステム

運用ルールを物の置き場所、現物に表示しましょう。誰かに聞かなくても、作業を進められるようになります。

## 9つのワンベスト管理

**ワンベスト管理**
- ①ワンストック
- ②ワンロケーション
- ③ワンファイル
- ④ワンペーパー
- ⑤ワンオリジナル
- ⑥ワンサイズ
- ⑦ワンフォーム
- ⑧ワンアクション
- ⑨ワンシステム

・個人の机の中の事務用品の
　ワンストック管理

・コピー機（複合機）を中心に
　ワンアクション管理

コピー機　　補充用紙・トナー置き場
シュレッダー

用紙やトナーの補充がワンアクション

コピーや印刷をしたらワンアクションで即廃棄

# ワンストックで経費削減

## ●ワンストック管理の基本

事務用品を増やさないようにするためには、まず業務に必要な事務用品の種類と必要な数量（手持ち基準）を決めることです。ワンストックの考え方は原則1本、1個です。

では、ゼムクリップも1個なのかというと、そうではありません。**ワンストックは「最低必要量」と考えてください。**

次に、物を増やさないような環境をつくります。具体的には、個人机の事務用品の引き出しを「ワンベスト姿絵置き」にします（具体的なやり方は5章4項で詳しく紹介します）。

ワンストック管理を実施する中で、余剰に持っていた事務用品が出てきたら、回収してリサイクル品として使用しましょう。事務用品によっては2年間ほど新しく購入する必要がない物もあるかもしれません。

また、パンチ、ステープラー（ホチキス）、ガムテープ、会社案内、パンフレットなどの在庫もワンストックで管理するようにしましょう。

## ●引き出しの中が無法地帯になっていませんか？

個人机の引き出しの中を見てみてください。黒のボールペンが数本、赤のサインペンも数本、消しゴムも数個……など、机の引き出し中がたくさんの事務用品で溢れていませんか？

ボールペン1本、消しゴム1個の金額はわずかなものかもしれませんが、社員全員が2本持っていたとしたら、2倍の経費がかかっています。3本持っていたら3倍です。会社では「経費節減」を訴えているのに、**引き出しの中は無法地帯になっているのです。**

なぜ、このように事務用品が増えてしまうのでしょうか？ 業務のためにどのような事務用品がどのくらい必要なのかが曖昧なために、いくつか増えても気にならないのかもしれません。また、物がたくさんありすぎて必要な事務用品が探し出せなくなってしまい、その都度新しいものを用意しているのかもしれません。

## ワンストック：引き出しの中はルール化しよう

### ワンストックされた5S後の引き出し

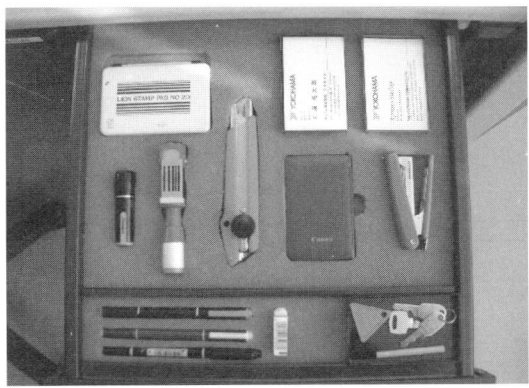

### 回収した事務用品

全員の余剰品を集めたら、約50万円の経費削減につながった例も

**POINT** ワンストック5Sで、最低限必要な量以上に増やさない環境をつくろう

# ワンロケーションで事務所のムダを排除

● 物があちらこちらに置かれていませんか?

事務所内を見渡すと、事務用品の在庫や書籍・雑誌、図面、カタログなどがあちらこちらに点在して置かれていませんか? また、キャビネットの中にはファイルや物が混在していませんか?

どこに置くのか決まっていないために保管場所がわからず、適当な場所にとりあえず置いてしまったのかもしれません。

物をあちらこちらに置くと、保管スペースのムダ、在庫のムダ、探すムダが発生します。それぞれの数量はわずかであっても、まとめると意外と大量になります。

物とファイル（書類）をワンロケーションで置くことによって、限られた事務所の保管スペースを有効活用し、適正在庫量を維持管理し、探す手間をなくすことができます。

● ワンロケーションの2つのポイント

ワンロケーションには2つの考え方があります。

① 物は物、書類は書類の保管場所

物を保管するキャビネットと書類（ファイル）を保管するキャビネットは、分けましょう。ファイルの多くはA4サイズで保管されていますが、物のサイズはさまざまです。

また、書類と物を同時に使用することはあまりありません。保管場所を分けることで、キャビネットのスペースを有効活用でき、探すムダがなくなります。

② 物は用途別に保管する場所を決める

事務所に保管している物は、事務用品は文房具屋さん、書籍・雑誌は本屋さん、パソコン関連用品はパソコンショップというように、いろいろなお店から購入しています。

したがって、事務所の置き場も、事務用品は事務用品コーナー、書籍・雑誌は書籍・雑誌コーナーというように関連用品を1カ所に集中させて置きましょう。

さらに、用途別に分類して置くと探しやすく戻しやすくなり、新たに購入した物も所定の場所に迷わず置くことができます。

## ワンロケーション：物は用途別に保管する場所を決める

・共通事務用品と在庫をワンロケーションで管理

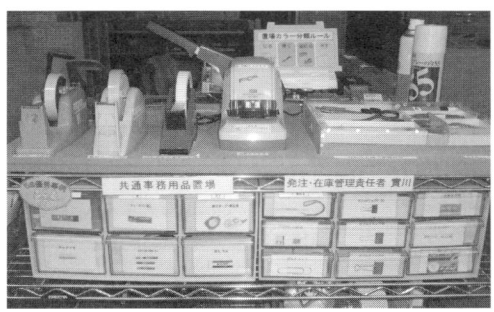

ここに来れば必要な事務用品が揃うので、探すムダ、歩行のムダがなくなった

・パソコン関係の用品をワンロケーションで管理

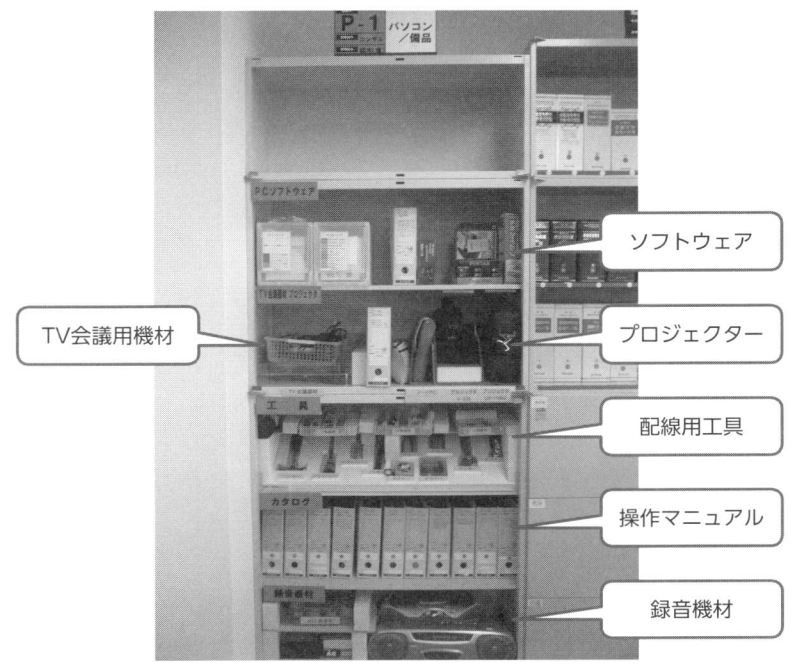

# 4 ワンファイルで情報の共有化

## ●自分専用ファイルをつくっていませんか？

個人机の袖机の引き出し（特に一番下の引き出し）が、たくさんのファイルで開け閉めしにくくなったりしていませんか？ その多くのファイルは、共通キャビネットに保管されている業務書類のコピーなどではありませんか？

こうした「自分専用ファイル」を作成してしまうのには、次のような理由が考えられます。

① 毎日業務で使用するので、共通キャビネットから取り出したり戻したりするのが面倒
② 共有キャビネットが満杯で雑然としており、探す手間がかかるため、いつか参考になるかもしれない書類を手元に置いておきたい
③ 必要なファイルが所定のキャビネットに戻ってないことが多い

結果的に、誰もが同じ書類を重複保管してしまい、引き出しの中が満杯状態になっているのです。

個人で保有するとコピーのムダが発生し、引き出しの中のたくさんのファイルから探さなければならないムダが発生します。最終的には、業務書類が個人持ちになり、私物化されてしまいます。

## ●業務書類は共有することが原則

業務書類は、共有キャビネットで「センターファイル」として保管・管理することが原則です。まず、引き出しの中から業務書類のファイルを出しましょう。そして、センターファイルと重複している書類は廃棄し、グループ、課で共通キャビネットでワンファイル管理できるようにしましょう。

次に、共有キャビネットの中も調べてください。さまざまな業務書類が混在して保管されています。背表紙の記入もファイルによってまちまちです。ワンファイル化を実現するためには、どのキャビネットにどのような業務の書類が保管されているのが、誰でも判断できるような管理状態にしなければなりません。このような管理状態にする方法がファイリングシステムの構築手順（詳しくは7章）を実施し、ファイリングシステムの構築手順（詳しくは7章）を実施し、ワンファイルで情報の共有化を実現しましょう。

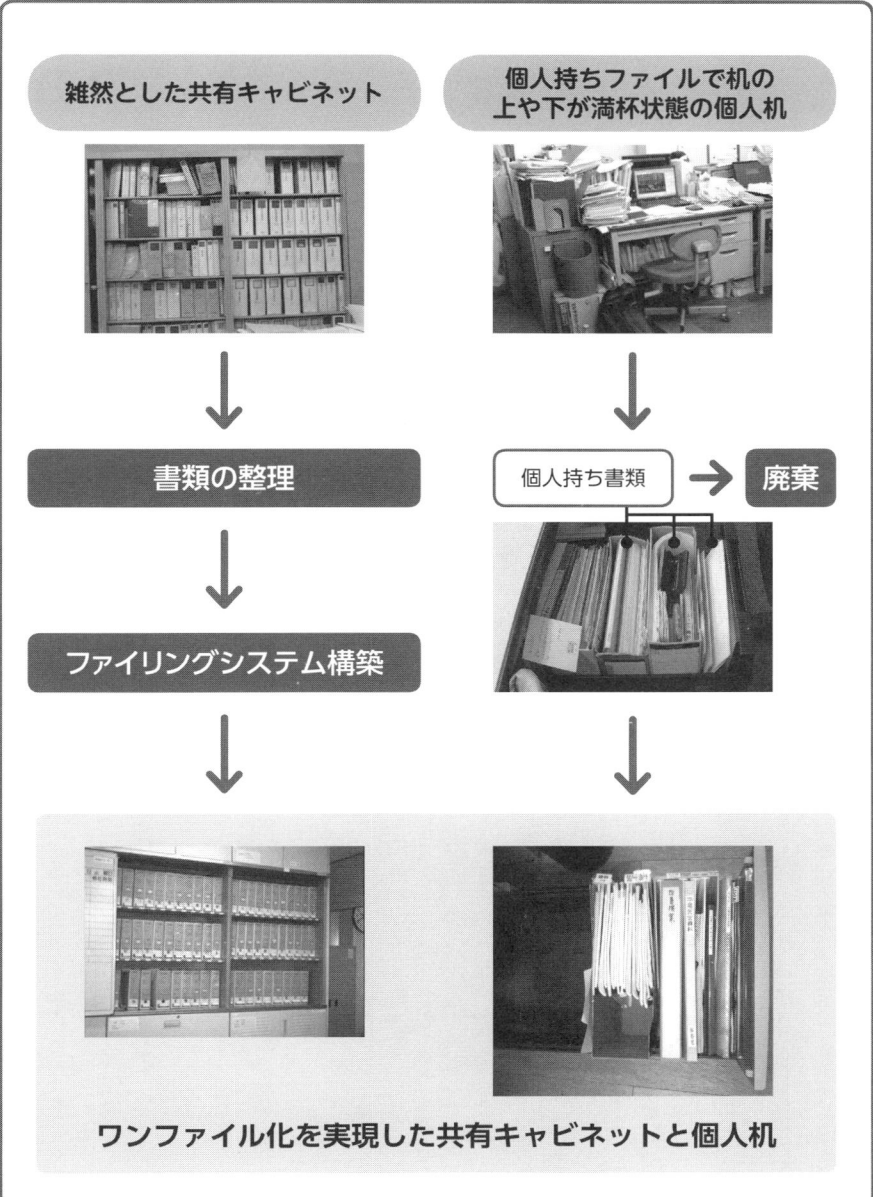

# 5 ワンアクションで業務の効率化を実現

と説明しました。さらに、物の配置や置き方をワンアクションの考え方で工夫するとムダな歩行がなくなり、短い時間で業務を完了することができます。

●ワンアクションを実践する2つのポイント

①共有ワークエリアを設置する

5Sを進めていくと、不要物が撤去され、空きスペースが出ます。その空いたスペースを「共有ワークエリア」として設置します。共有ワークエリアには、作業に必要なコピー機、コピーに必要な用紙、トナー、作業台、作業に必要な備品、事務用品、宅配・郵送用品などの在庫置き場を設置し、配備します。作業は、狭い個人机から広々した共有ワークエリアで行うようにします。

②作業の流れ（動線）を考慮した物の配置

共有ワークエリアに設置したコピー機、作業台、作業に必要な備品、事務用品、宅配・郵送用品などは、作業の流れの順番に配置します。事務用品や消耗品の在庫も隣接しておくと、なくなったときに補充しやすくなります。セロハンテープ、パンチ、大型のステープラー（ホチキス）などは、移動しなくても作業ができるように作業スペースを配慮した置き方にすると、さらに効率化が図れます。

●ワンアクションで時間短縮

1つの業務を完了させるために、事務所内を何度も行ったり来たりしていませんか？ たとえば、書類をコピーして宅配便で発送する場合を振り返ってみましょう。

コピー機でコピーし、コピーした書類を自分の机の上にいったん置き、封筒置き場に行き、封筒を取ってきて、次に送り状が置かれている置き場に行って送り状を持ってきて、自分の席に戻って封筒にコピーした書類を入れます。共有置き場からガムテープを持ってきて封印し、ガムテープを共有置き場に戻してから送り状に記入し、送り状を封筒に貼って、宅配集荷置き場に行き宅配物を置いて、自分の席に戻ります。

このように、1回の発送業務を完了するのに12回も自分の席から行ったり来たりしていると、多くの時間が必要になってしまい、業務ははかどりません。

本章3項で物の置き場はワンロケーションで置くこと図れます。

## 作業の流れ(動線)を考えた置き場づくり

・従来の発送業務

コピー機　　封筒置き場　　送り状置き場

宅配集荷置き場　　個人机　　取りに行く　ガムテープ置き場

戻しに行く

1回の発送業務で、自分の机からコピー機→個人机→封筒置き場→送り状置き場→宅配集荷置き場……と10回以上行ったり来たりしなければならない

・コピー機を中心とした共有ワークエリア

封筒置き場
送り状置き場　　文房具置き場　　コピー機

宅配集荷置き場　　コピー用紙置き場

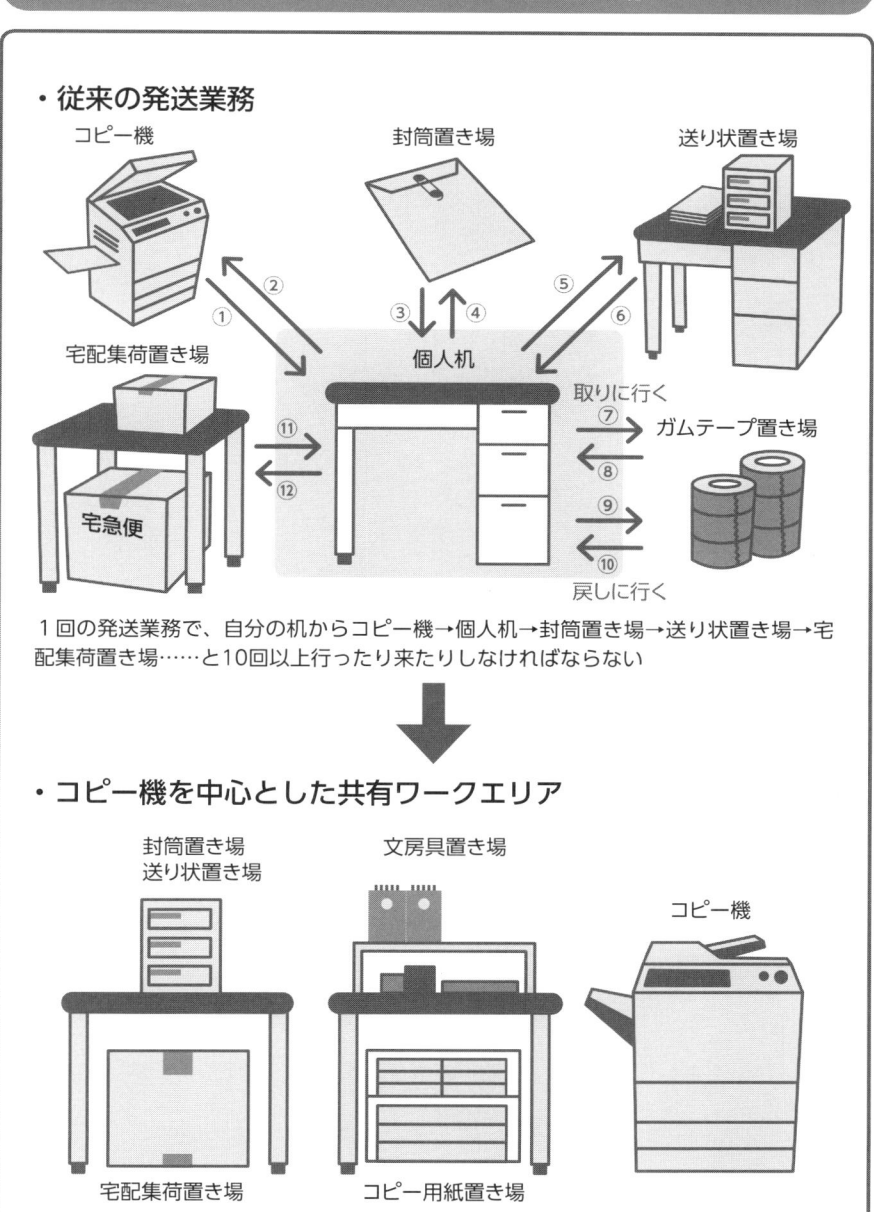

# 6 ワンシステムで仕事はスムーズに

かなくてもスムーズに次の作業ができるしくみです。ワンシステムの代表的なやり方を以下に紹介します。

① 現場・現物による発注点・補充点管理

発注・補充するための必要な情報(発注点、補充点、最大在庫量)や発注手順を発注・補充点カードに明記します。発注・補充点カードは、各々の事務用品の発注・補充を必要とする在庫数の位置に差し込まれています(詳しくは4章8項)。

② 貸出し品の運用手順

貸出し品置き場を設け、貸出しの手順(申請用紙、貸出し期限、返却方法など)をわかりやすく表示し、申請用紙も設置します。貸出し置き場で誰がいつまで借りているのか、返却されているのか管理担当者の手を煩わすことなく管理することができます(詳しくは4章9項)。

③ ファイリングの背表紙

ファイリングシステムを確立することにより、どの書類をどのファイルに収納するのか、いつまでどのキャビネットに保管するのか、いつになったら保存場所である書庫へ移動するのか、いつ廃棄するのかファイルの背表紙で誰もが判断できます(詳しくは7章)。

● 誰に聞かなくてもわかるルールをつくろう

事務所に保管している物の管理担当者や使用ルールが曖昧で、周知徹底されていないケースは少なくありません。過去にコピー用紙や事務用品などを使い切ってしまい、誰に欠品状況を知らせたらいいか困ったことはありませんか? 備品の貸出し品の手順がわからず困ったことはありませんか? キャビネットがファイルで満杯で新たに保管するスペースがなく、困ったことはありませんか? そのとき、近くにいた先輩に恐る恐る尋ねたことはありませんか?

そのような場合、「ワンシステム」で運用ルールの見える化を実施すると、戸惑うことなく、また他の人の仕事を中断させることなく、スムーズに進めることができます。

ワンシステムは、補充や発注の手順や、貸出し手順などの運用ルールを置き場に表示することにより、誰に聞

## ワンシステム：次の作業がスムースにできるしくみをつくろう

・発注点管理・貸出し管理でワンシステム

### 現場・現物による事務用品の発注点管理

ワンシステムで運用できる発注カード

表面：発注点 / 発注をお願いします。/ シャープペン トンボ / 固定品目コード：510J0716 / 発注点 3本 / 注文量 5本 / 最大在庫量 8本

発注後 裏面にします

裏面：納品待ち / しばらくお待ち下さい。/ シャープペン トンボ / 発注点 3本 / 注文量 5本 / 最大在庫量 8本

・背表紙でワンシステム

大分類 **労務**
中分類 **人事管理**
**休職届出書**

文書日付 2004年4月～2005年3月
保管期間 1年間 2006年3月迄
保存期間 4年間 2010年3月迄
廃棄時期 保存終了後
管理部署 総務
ロケーション番号 A-1-1

❶作成時期
↓
❷保管期間と保管期限
↓
❸保存期間と保存期限
↓
❹廃棄時期

## COLUMN 2

## ワンベストで意識改革

5Sで最も使用されるワンベストは、
・ワンストック
・ワンファイル
・ワンロケーション
・ワンアクション
・ワンシステム
です。ワンベストを合言葉に、5Sを進めてください。
ワンベストで整理、整頓した場所や箇所は、必ず成果が見えます。
また、ワンベストの考えは、5Sだけではなく、書類の整頓であるファイリングシステム（7章）でも役に立ちます。

### ファイリングのワンベスト原則

| ワンベスト原則 | |
|---|---|
| ワンロケーション | 保管書類は原則として1カ所のみで保管して重複しない |
| ワンファイル | 書類を私物化せずにグループで管理する |
| ワンペーパー | 報告書は原則として書類1枚にまとめる |
| ワンオリジナル | コピーせず原紙だけを保管する |
| ワンサイズ | 書類のサイズは原則としてA4にする |
| ワンシステム | 背表紙は保管から保存へと機械的に処理するシステムになる |
| ワンアクション | 自分の席から30秒で書類を取り出し、収納をすることができる |

# 3章 まずは整理から始めよう

# 1 整理を始める前に準備すること

● 整理をうまく進める準備のポイント

整理の対象は、事務所にある全ての物と書類です。全ての物と書類とは、個人の机の上にある書類、引き出しの中の事務用品、私物、参考書類、キャビネットの中にある書類、伝票、図面、カタログ、販促物、商品サンプル、消耗品、掲示物などです。整理後に空いたキャビネット、使用していない個人机、椅子、テーブル、OA機器も整理の対象です。

整理を効果的に進めるためには、次のような準備が必要です。

準備① 現状視察

事務所にはどんな物や書類があるのか、机の上・下・引き出しの中、キャビネットの上・中・下など職場の隅ずみまで見て回りましょう。事務所の隅に所有者不明のダンボールが放置されていませんでしたか？ 物と書類ファイルと混在して置かれていませんでしたか？ キャビネットの中には、年代物のタイプライターや電話器などの備品が奥の方にしまわれていませんでしたか？ 梱包のままの古いカタログの在庫がありませんでしたか？ 思わずため息が出てしまうかもしれませんが、気を取り直して、実態をきちんと認識しましょう。

準備② 実態の写真撮影と測量

現状視察の状態を写真撮影しましょう。撮影した写真で問題点が再認識できます。整理後にも写真を撮影して比較すると、劇的に変化した職場が確認できます。次に、現在どのくらいの書類を保管しているのかも測量しましょう。書類の整理・ファイリングシステム完成後に再度測量すると、空きスペースが定量的に把握できます。

準備③ 不要品置き場の設置

整理を始める前に、不要品や廃棄書類が大量に出ます。事前に不要品や廃棄書類の置き場所を設置しておきます。不要品は、廃棄する物と、リサイクルで使用する物とで区分けできる容器を準備しましょう。リサイクル品はさらに種類別、用途別に分類できる箱を準備すると、整頓のステップが楽になります。

## 整理前の準備手順

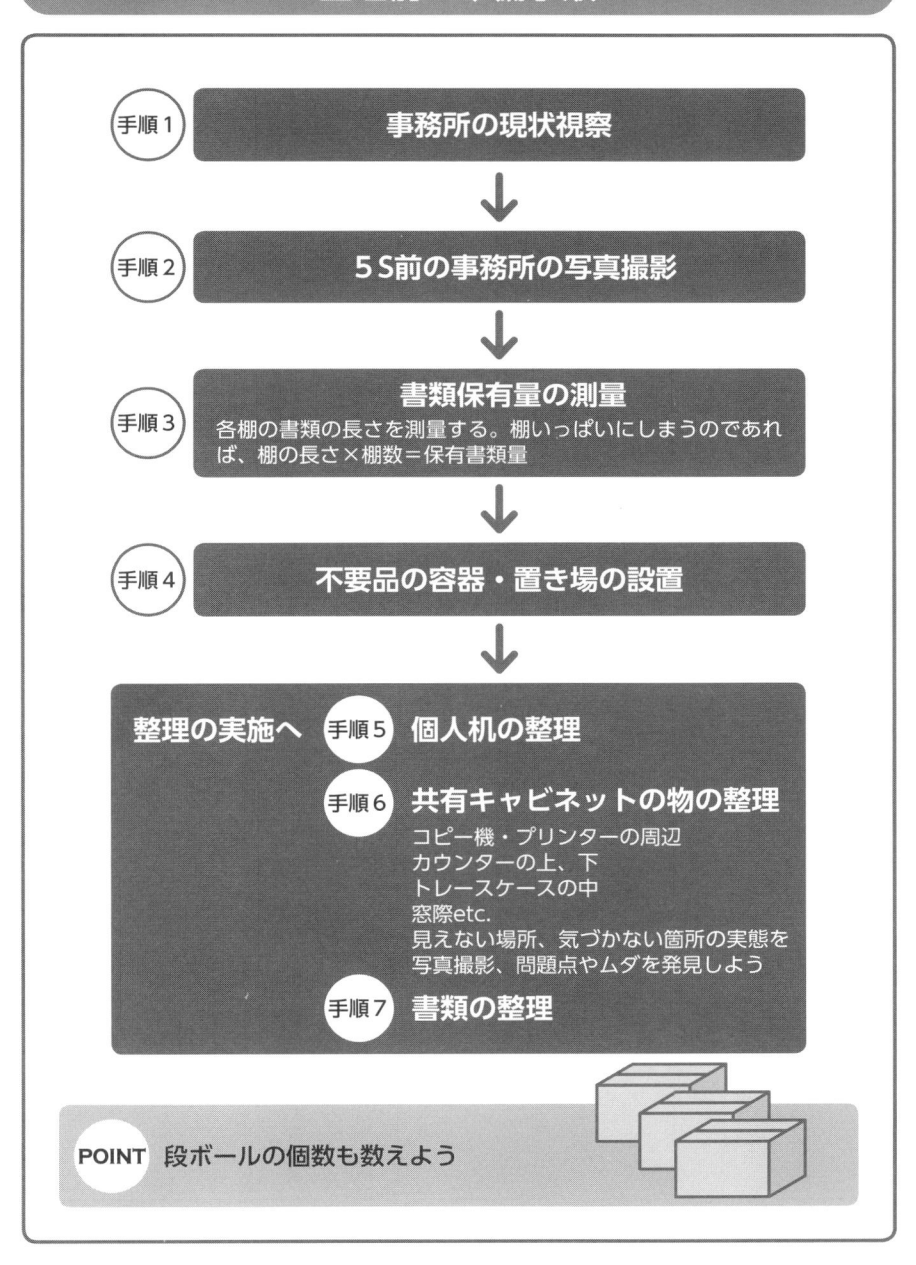

**手順1** 事務所の現状視察

**手順2** 5S前の事務所の写真撮影

**手順3** 書類保有量の測量
各棚の書類の長さを測量する。棚いっぱいにしまうのであれば、棚の長さ×棚数＝保有書類量

**手順4** 不要品の容器・置き場の設置

整理の実施へ

**手順5** 個人机の整理

**手順6** 共有キャビネットの物の整理
コピー機・プリンターの周辺
カウンターの上、下
トレースケースの中
窓際etc.
見えない場所、気づかない箇所の実態を写真撮影、問題点やムダを発見しよう

**手順7** 書類の整理

**POINT** 段ボールの個数も数えよう

# 2 物の整理

## ●要らない物をはっきりさせよう

物の整理とは、「要る物と要らない物を区分けして要らない物を処分する」ことです。しかし、改めて「要らない物は何ですか？」と質問すると答えにくいものです。

整理を始める前に要らない物の定義を明確にしましょう。要らない物には、次の3種類があります。

① **使えない物**……壊れた物、書けなくなったボールペンや切れなくなったカッター・はさみなど使用機能が果せなくなった物、賞味期限切れの食品、期限切れの薬品など。

② **使わない物**……使えるけれど今は使っていないプリンターやプロジェクター、デジカメなどの備品、古い雑誌や書籍や他社のカタログ、以前配布した販促物など。

③ **余剰品**……必要以上にある事務用品、カタログ、伝票類、工具類、備品など。

使えない物は、誰もが不要物と判断できますが、「使わない物」はどうでしょうか。物もちのいい人はいつか使うから、もったいないから「要る物」と判断するし、気前のいい人は今使っていないのだから「不要物」と判断するでしょう。また、「余剰品」は、必要な数量を決めないといくつが余剰品か判断できませんね。

会社として5S活動を進めていくためには、「使わない物」と「余剰品」を判断するための整理基準を作成した上で整理をすることをおすすめします（次項）。

## ●要らない物の処分方法

次に明確にしておくことは、要らない物を処分する方法です。「整理＝廃棄」と考えがちですが、「使えない物」は廃棄せざるをえないです。「使わない物」や「余剰品」は使える物です。回収した余剰品は、自部門でリサイクル品として使用しましょう。

自部門で消化しきれない「余剰品」や「使わない物」は、ガレージセールをし、他部署で有効活用してもらう、用途を変えて使用する、売却する、寄付する、リース品やお客様からの支給品は返却するなどが処分に該当します。これらの処分方法が採用できない場合、最終的に廃棄処分となります。

## 処分方法

- 使えない物 → 廃棄

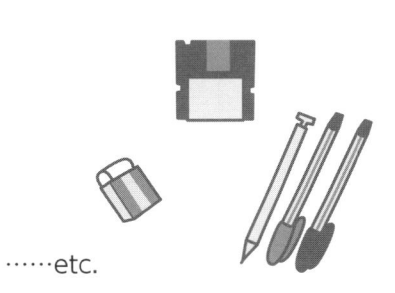

  - □ 壊れた物
  - □ 読み取れない物
  - □ 読み取る装置がない物
  - □ 書けない筆記用具
  - □ 消すと汚れてしまう消しゴム

  ……etc.

- 使わない物 → 他部門で使用
  　　　　　　　転売、寄付……廃棄

  - □ 新しい物に買い換えた使い勝手の悪い物（パソコン、プリンター、デジカメ、プロジェクタなど）
  - □ 退職者、異動した人が使っていた机、椅子
  - □ 過去の雑誌、旧版のカタログ
    誰も読まない書籍

  ……etc.

- 余剰にある物 → リサイクル使用
  　　　　　　　他部門で使用、寄付……廃棄

  - □ 必要以上に手持ちしていた筆記用具
  - □ キャビネットの奥の中に入れっぱなしになっていたステープラー（ホチキス）、セロハンテープ台
  - □ 発注大ロットで使用以上にある大量のパンフレット

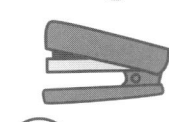

  ……etc.

# 3 不要品を判断するための整理基準

## ●不要品の基準を決めよう

整理をするためには、事務所にある全ての物を用途別・種類別に分類します。誰も使用していない期間、現在使用していない旧版、旧モデル品、業務に必要な期間などを考慮して、要るか要らないかを判断する基準について決めていきます。

### ①不要品基準

不要品基準は、事務所にある全ての物を用途別・種類別に分類します。誰も使用していない期間、現在使用していない旧版、旧モデル品、業務に必要な期間などを考慮して、要るか要らないかを判断する基準について決めていきます。

また、不要品であっても、すぐに廃棄処分できない物もあります。たとえば、リース物件や固定資産に登録されている什器・備品、顧客からの預かり品などです。不要品は、できるだけ共有場所を設置して保管するようにすると、スペースのムダ、在庫のムダ、経費のムダが排除できます。

また、不要品の処分は、どのように処分するかなど最終処分を判定する責任者を決めておくと、スムーズに進みます。

不要品基準は、5Sを始める際の整理に使いますが、今後の維持定着をする上でも必須基準です。

不要品が5Sを崩す一番の要因です。必要な物もいつかは「使えない物」「使わない物」になります。年末の大掃除のときに、不要品基準に従って事務所に置きっぱなしになっている不要品をチェックし、1年間に溜まった不要品を一掃しましょう。必要な物だけが置かれ、すっきりとした事務所で新年を迎えてください。

### ②手持ち基準

手持ち基準は、備品、事務用品、消耗品、消耗工具など対象物ごとに必要数を決めます。必要数とは、ワンベスト管理の「ワンストック」の考えに基づいた、最少必要数のことです。個人机の引き出しで保管する個人持ち数、課で共通で使用する手持ち数、部やフロアーで共通で使用する手持ち数などを決めましょう。使用頻度の低い物は、できるだけ共有場所を設置して保管するようにすると、スペースのムダ、在庫のムダ、経費のムダが排除できます。

## 共通する不要品基準を決めよう

### ・使わない物の整理基準＝不要品基準表

作成日：
作成者：
推進区：

対象物区分は各推進部門、推進区で該当するものを設定

| 対象物種類 | 整理対象品 | 所有権 | | | 自社所有物の資産評価分類 | | 不要品の判断基準 | 処分 | | | 処分判定 |
|---|---|---|---|---|---|---|---|---|---|---|---|
| | | 自社物件 | リース物件 | 顧客所有 | 固定資産 | 消耗品、非管理 | 未使用期間/保管数量/所有期限 | 不要品伝票 | | 即廃棄 | |
| | | | | | | | | 要 | 不要 | | |
| 什器 | 机、椅子 | ○ | | | | ○ | 1カ月月使用者なし | ○ | | | 課長 |
| | テーブル | ○ | | | | ○ | 1カ月使用せず | ○ | | | 課長 |
| | 棚 | ○ | | | | ○ | 空で収納物が決まっていない | ○ | | | 課長 |
| | キャビネット、ロッカー | ○ | | | | ○ | 空で収納物が決まっていない | ○ | | | 課長 |
| 備品 | パソコン | | ○ | | | | リース切れで使用者なし | ○ | | | 課長 |
| | テプラ | ○ | | | | ○ | 旧タイプで使用者なし | ○ | | | 課長 |
| 図面 | 建物/設備図面 | ○ | | | | ○ | 建物改築時、設備廃却時 | ○ | | | 課長 |
| | | | | | | | | | | | |
| カタログ | 自社商品カタログ | ○ | | | | ○ | 商品廃止後1年 | ○ | | | 主任 |
| | 他社商品カタログ | ○ | | | | ○ | 3年以前のもの | ○ | | | 主任 |
| | 什器備品事務用品／カタログ | ○ | | | | ○ | 改廃時 | ○ | | | 主任 |
| 事務用品 | 筆記具 | ○ | | | | ○ | 筆記できなくなったとき | | | ○ | 主任 |
| | 伝票類 | ○ | | | | ○ | 様式変更時 | ○ | | | 主任 |
| その他 | 営業用販促物 | ○ | | | | ○ | 商品廃止後1年 | ○ | | | 課長 |
| | 顧客預かりサンプル | | | ○ | | | 未使用期間3年 | ○ | | | 課長 |
| | 設計用テスト治具 | ○ | | | ○ | | 未使用期間3年 | ○ | | | 課長 |
| | 書籍 | ○ | | | | ○ | 借用者なし | ○ | | | 主任 |

### ・余剰にある物の整理基準＝手持ち基準

手持ち基準（事務用品例）
対象：□備品 ☑事務用品（予備） □消耗工具 □設備部品 □その他（　　　　）
部署：管理部

| 作成 | 承認 |
|---|---|
| | |

| No. | 品名 | 種類 | 使用頻度 | 管理区分 | | | | 在庫数量 | 備考 |
|---|---|---|---|---|---|---|---|---|---|
| | | | | 個人 | 係 | 課 | 部 | | |
| | 鉛筆 | | 毎日 回／日・月・年 | 1 | | | | | |
| | 赤鉛筆 | | 毎日 回／日・月・年 | 1 | | | | | |
| | 色鉛筆 | | 毎日 回／日・月・年 | | | | ○ | 1セット | 部共通事務用品置き場 |
| | ボールペン | 黒 | 毎日 回／日・月・年 | 1 | | | | | |
| | ボールペン | 赤 | 毎日 回／日・月・年 | 1 | | | | | |
| | ボールペン | 青 | 毎日 回／日・月・年 | 1 | | | | | |
| | ボールペン替芯 | 黒 | 毎日 回／日・月・年 | | | | ○ | 10 | 〃 |
| | ボールペン替芯 | 赤 | 毎日 回／日・月・年 | | | | ○ | 10 | 部共通事務用品置き場 |
| | ボールペン替芯 | 青 | 毎日 回／日・月・年 | | | | ○ | 10 | 個人：1色1本まで 部共通事務用品置き場 |
| | シャープペン | 0.5mm | 毎日 回／日・月・年 | 1 | | | ○ | | 〃 |
| | シャープペン替芯 | HB、B(0.5mm) | 毎日 回／日・月・年 | | | | ○ | 10 | 〃 |
| | 蛍光ペン | 黄、オレンジ、ピンク | 毎日 回／日・月・年 | いずれか3色 | | | ○ | 5 | 部共通事務用品置き場 |

# 4 書類の整理

●書類を分類しよう

書類は、用途により、次の5つに分類することができます。

① 業務書類……業務のために入手した書類、作成した書類。
② 仕掛書類……作成、処理、転記、承認、発送、閲覧が終わっていない書類
③ 参考書類……個人が業務をやりやすくするために収集作成した書類で異動の際、引き継ぐ必要のない書類。
④ 管理書類……センターファイルできない人事情報や公開前の機密情報を管理者が管理する書類
⑤ 個人提出書類……日報、交通費請求伝票、年末調整書類、調査票など直接業務に関わりがないが、個人が決められた期日に提出をする書類

これらの全ての書類が整理の対象になります。必要な書類とは、まだ処理が完了していない仕掛書類、提出していない個人提出書類、保管期間及び保存期間内の業務書類、管理書類です。

●保管と保存は違う

書類の整理とは、事務所内の個人机の引き出しの中やキャビネットの中に「保管」、書庫に「保存」してある書類を、一定の基準（保管期間・保存期間を定めます）により必要なものと不要なものに区分けして不要な書類を廃棄することです。一定の基準が所定廃棄基準です。

●書類の種類ごとに整理しよう

書類を整理するためには、まず誰もが捨てることにためらうことなく不要書類として判断できる「即廃棄基準」の書類から廃棄していきます。

次に、即廃棄した後に残った業務書類や管理書類を整理します。そのためには、事務所のキャビネットで管理する保管期間、書庫で管理する保存期間を定めた「書類管理基準」を決めます。キャビネットや個人の机の上、引き出しの中にある業務書類、管理書類を種類別に書名の棚卸しを行い、書類の種類ごとに保管期間・保存期間を明確にする必要があります。一般的に、書類名ではなくファイルの背表紙名を棚卸しされることが多いですが、ファイルの整理ではなく書類の整理が必要です。

## 書類は管理と廃棄の基準を決めよう

・書類管理基準表（例）

書類管理基準  作成日：'09.12.20  作成者：中産連
推進区：○○部

| 書類分類 | 現在保管中の背表紙 | 書類名 | 媒体 | | 共有化 | | 保管・保存期間 | | | 備考 |
|---|---|---|---|---|---|---|---|---|---|---|
| | | | 原紙/写し | 電子データ | 部 | 課 | 保管期間 | 保存期間 | 即廃棄 | |
| 開発計画 | 開発企画 | 新規引合・自主開発検討書 | 原 | ○ | ○ | | 3年 | 20年 | 写 | |
| | | 新製品企画書 | 原 | | ○ | ○ | 3年 | 20年 | 写 | |
| | | 開発・生産準備指示書 | 原 | | ○ | ○ | 3年 | 20年 | 写 | |
| | | 機能横断チーム編成報告書 | 原 | | ○ | ○ | 3年 | 20年 | 写 | |
| | | インプット情報一覧表 | 原 | | ○ | ○ | 3年 | 20年 | 写 | |
| | ○○製品開発計画 | 開発計画書 | 原 | | ○ | ○ | 開発完了後1年 | 20年 | 写 | |
| | | 開発日程計画表 | 原 | | ○ | ○ | 開発完了後1年 | 20年 | 写 | |
| 製品品質基準 | ○○製品品質評価 | 製品品質評価計画表(性能) | 原 | | ○ | ○ | 開発完了後1年 | 20年 | 写 | |
| | | 試作材質標準 | 原 | | ○ | ○ | 量産開始後1年 | 20年 | 写 | |
| | | 製品品質評価一覧表(性能) | 原 | | ○ | ○ | 量産開始後1年 | 20年 | 写 | |
| 市場品質 | | 品質情報 | 原 | | | | 量産開始 | | | |

・書類の即廃棄基準

**用済み・不要なもの**

- □ メモで用済みのもの
- □ 清書済みの原稿
- □ ワープロの原稿
- □ 新聞、2年以上経過した雑誌、読み捨てられた雑誌
- □ 回答などで用済みのもの
- □ 年賀状、暑中見舞、礼状案内状

**重複保管のもの**

- □ 2部以上あるカタログ
- □ 再生が簡単にできる文書
- □ 重複して保管している文書

**陳腐化したもの**

- □ 差し替えられた資料の古いもの
- □ 5年以上経過した統計書籍
- □ 所定の保存期間を過ぎた文書

# 5 個人机の整理

## ●整理のスタートは個人机の上から

5Sは、誰もがすぐに取り組める個人机の5Sから始めることをおすすめします。個人机は自分しか使用しないし、引き出しの中はめったに他の人が開けることもありませんので、多少雑然としていても、自分がよければかまわないと思っている人が多いはずです。

しかし、読者の皆さんは、片づける必要性を感じて、本書を読んでくださっていると思います。個人机は、率先して5Sに取り組むことができる唯一の場所であり、5Sの成果を自らが直ちに実感できる場所です。個人机を自分で仕事がしやすい環境にしていきましょう。

個人机の5Sは、まず整理から始めます。整理はやみくもにやるのではなく、次の順番どおりに実施すると効率的で、整理後の成果が実感できます。個人机の整理の順番は、①机の上→②引き出しの中→③事務用品→④私物→⑤参考書類→⑥机の下の順です。

## 個人机の整理STEP① 机の上の整理

まずは、机の上の山積みの書類から取りかかりましょう。机の上に置いてある物や書類はいったん、隣の席に置かせてもらい、作業スペースを確保します。そして、机の上に置いてある物や書類を「ファイルする書類」、「回覧する書類」、「廃棄する書類」、「参考書類」、「仕掛書類」に分類できるようにポストイットに記入し、机の上に分類作業しやすいように貼ります。山積みの書類をこの区分に従い1枚1枚確認しながら分類していきます。廃棄する書類の判断基準は、「即廃棄基準」（本章4項）です。

仕掛書類は、分類する際に1件ごとにクリアファイルに入れると何件の仕掛書類があるか整理後、判断しやすくなります。廃棄する書類は即廃棄し、ファイルする書類は直ちにファイルし、回覧する書類は次の人にその場で渡しましょう。参考書類は関連ごとにファイルに綴じ、一番下の引き出しに入れましょう。仕掛書類はこの段階では、1カ所にまとめて置いておきます（仕掛書類の整頓のやり方は5章で紹介します）。

机の上には書類の他に、お土産品などこまごました物が置かれています。自宅に持ち帰るか廃棄すると、机の上はすっきりします。拭き掃除もあわせてしましょう。

## 個人机の整理

### 整理前の個人机

- 必要な参考書類だけにする
- 業務書類のファイルはキャビネットに移動
- 備品類は共有場所へ戻す 使わない私物は持ち帰る

↓

### 整理後の個人机

- 仕掛書類一時置き場
- 参考書類置き場

仕事がはかどる個人机になった

**POINT** 個人机は5Sの成果が実感しやすい

# 個人机の引き出しの整理

机の上がすっきりしたら、次は引き出しの整理です。引き出しは、中の物を全部取り出してから、要る物だけを引き出しに戻していきます。

### STEP① 引き出しの書類整理

引き出しの中に混在している書類の整理を行います。

机の上に置かれた書類と同様、「廃棄する書類」「ファイルする書類」「回覧する書類」「参考書類」「仕掛書類」に分類し、不要な書類を廃棄しましょう。

### STEP② 事務用品の整理

多くの場合、事務用品は右袖の一番上の引き出しの中に入れてあります。書類の整理をしている段階で見つかった事務用品は、まず、右袖の一番上の引き出しに集合させてください。ちなみに、個人で購入した事務用品も私物ではなく、事務用品として考えましょう。引き出しの中から全ての事務用品を一度机の上に取り出し、手持ち基準に従って、必要な種類と数量だけを残して、右袖の一番上の引き出しに戻しましょう。左利きの人は左袖ですね。余剰の事務用品は、リサイクル置き場に持っていきましょう。

### STEP③ 私物の整理

私物は5Sの対象外と思っている人も多いかと思いますが、私物が一番の不要物の溜まり場です。会社の机は仕事をするために提供された場所です。事務所に持ち込んでもよい「私物の定義」を決めましょう。決められた物以外は自宅に持ち帰るか、不要ならば廃棄しましょう。もう読まない書籍は自宅に持ち帰るか、共有書籍として寄贈します。私物の引き出しの中は引き出しの底が見えるくらいに整理しましょう。

### STEP④ 参考書類の整理

参考書類は、袖机の一番下に業務書類などと混在していると思います。まず、業務書類と参考書類を区分けしましょう。参考書類は「即廃棄基準」に従って整理します。業務書類の整理の方法は、本章8項で説明します。

### STEP① 机の下の整理

机の下には、何も置かないことが原則です。ダンボールや紙袋が置きっぱなしになっている場合は、物と書類は分けて整理します。

## 事務用品と私物の整理

・事務用品の整理

整理前 → 整理後

余剰品と不要物を区分けする

「手持ち基準」で決められた物だけを戻す

・私物の整理

事務所へ持ち込みOKの私物の定義を決める

【勤務に必要なもの】
・眼鏡
・薬
・ティッシュペーパー
・鞄など
・嗜好品(タバコ、コーヒーセット)
・歯磨きセット
・化粧品ポーチ
・電子辞書 ……etc.

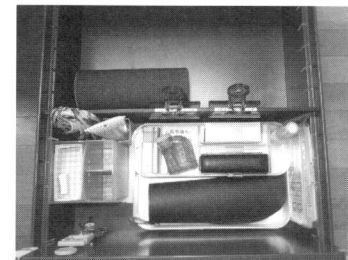

→ 業務に必要な私物だけになった

**POINT** 個人机も「手持ち基準」で整理しよう

# 7 キャビネットの物の整理

## ●まずは要る物、要らない物を区別する

キャビネットの整理は、ロケーション番号（キャビネット番号）を設定することから始めます。そして、誰がどのキャビネットを整理するかを分担して、「職場レイアウトマップ」と「棚マップ」を作成しましょう。職場レイアウトマップとは、職場に置かれたキャビネットや机の配置図です。棚マップとは、キャビネット内の棚に入っている物の位置を一覧表にしたものです。

キャビネットの中は、物と書類が混在しており、同一の物があちらこちらに分散して置かれていると思います。特に一番下の棚は不要品の山です。

まず、物から整理していきます。キャビネットの中に収納されている物を取り出します。ダンボールや紙袋の中も全てです。そして、取り出した物を「使える物」と「使えない物」とに区分けします。使える物は、物置き場へ移動させます。使える物は、「不要品基準」に従い、「要る物」と「要らない物」とに区分けして、要らない物は不要品置き場へ移動させましょう。

書籍は、業務に必要な物をピックアップし、残った書籍は、関心のある社員に贈呈してもいいですね。CDやフロッピーなどは、保存されているデータを確認して「要る物」と「要らない物」に区分けしましょう。

## ●ポイントは種類別に置くこと

「要る物」は、事務用品、梱包用品、消耗品、販促物、備品、パソコン関係用品、カタログ、書籍・雑誌類……など種類別に分類し、元のキャビネットに仮の置き場として戻します。また、次のステップの整頓で、ワンロケーション・ワンアクションを考慮した最適な置き場を決めていきますが、ロケーション番号と保管物の種類名を、キャビネットに仮表示しておきます。仮表示をしておくと、扉を開かなくても迷わず必要な物を取り出すことができ、整理の段階でも探すムダがなくなります。

次に、中層キャビネットの上を見上げてください。キャビネットと天井の間に、不明なダンボール、紙袋などが詰め込まれていませんか？　ほとんどが不要品と推測されますが、きちんと内容物を確認し、「要る物」と「要らない物」に区分けしましょう。

## キャビネットの整理

・整理の対象キャビネットと担当者を明確化

**職場レイアウトマップと棚マップの作成例**

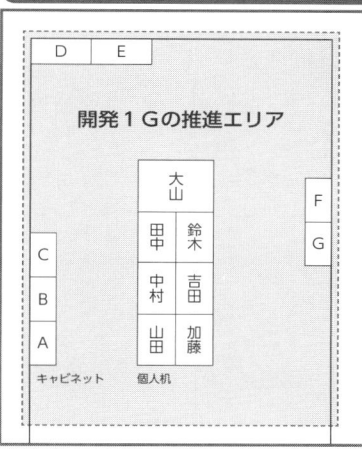

| 仮ロケーションNo | 担当者 |
|---|---|
| A | 山田 |
| B | 中村 |
| C | 田中 |
| D | 鈴木 |
| E | 大山 |
| F | 吉田 |

棚マップ（A）

| 段 | 内容物 |
|---|---|
| 1 | 書籍 |
| 2 | カタログ |
| 3 | 書籍・雑誌 |
| 4 | 書類 |
| 5 | 梱包資材 |
| 6 | 梱包資材 |

開発1Gの推進エリア

- ☐ 職場の推進エリアの明確化
- ☐ 対象キャビネットの明確化と仮ロケーション番号を決める
- ☐ 対象キャビネットごとに整理実施担当者を決める

キャビネットの中は全て出してから整理しよう

CDやフロッピーはデータ確認後、廃棄処分しよう

段ボールの中も見よう

書庫も整理対象。キャビネットの上に要注意！

# キャビネットの書類の整理

## ●書類の整理は基準に従って行う

では、書類の整理に取りかかりましょう。ファイルに収納されている書類、平積みの書類、ダンボールに収納されている書類もあります。平積みの書類もあります。中の書類を1枚1枚見ながら、「即廃棄基準」と「所定廃棄基準」に従って必要な書類と廃棄してもいい書類に分別します。

どのような書類であるか判断がつかない書類、「所定廃棄基準」に該当しない書類も見つかります。また、退職者が残していった書類の紙袋も見つかります。

そのような場合は、上司やベテランの人に判断を仰いでください。それでも判断できない書類は、**「執行猶予箱」**（詳しくは10項）に入れて封印します。たとえば、1年経っても開封されなければ、不要書類として廃棄処分にします。

保管期限切れの書類は、保存する必要がある場合は書庫へ移動します。保存する必要がない書類は、廃棄書類置き場へ移動します。書庫もキャビネットと同様に、保存書類の整理をしましょう。廃棄処分は、外部委託で溶解処分するか、シュレッダー処分にするかは、会社の規定に従ってください。処分する前には、どのくらいの廃棄書類があったか、写真撮影しておきましょう。

## ●ポストイットを目印にして整理を進めよう

物の整理ができたキャビネットには、かなり空きスペースが出てきたはずです。どのキャビネットのファイルの整理を誰がするのかは、レイアウトマップや棚マップで決めた担当者が行います。

日常の業務をやりながらの書類の整理は、時間と期間がかかります。そのため、どこまで書類の整理が進んだかわからなくなってしまうことがあります。進捗状況を把握する準備作業として、全てのキャビネットに収納してあるファイルにポストイットを貼りましょう。そして、整理が済んだファイルはポストイットを剥がしていきます。背表紙未記入のファイルや不足した書類があった場合は、ポストイットに記入しファイルに貼ると、ポストイットの状態でファイル書類の整理の進捗状態が一目で判断できます。

52

## キャビネットの書類整理のポイント

・整理の対象キャビネットと担当者を明確化

**書類の整理後の廃棄書類**

**書類整理後のキャビネット**

●POINT
- □共用ファイルは忘れがちなので、分担を明確に決めて行う
- □ワンベスト原則で書類整理
- □ファイルの中の書類を1枚1枚見る
- □思いきりよく捨てる
- □ポストイットを棚やファイルに貼って、整理済みのものから剥がしていき、書類整理の進行状態を目で見えるようにする
- □書類整理後は、関連業務の書類ごとにまとめるため移動

**POINT** 書類は「即廃棄基準」と「書類の所定廃棄基準」に従って分別していく

# 9 共有場所の整理

## ●共有場所は不要物の山

本項まででまだ整理されていない場所は、コピー機の周辺、共有パソコン及びプリンターの置き場、打ち合わせ場所、作業台、図書室、会議室、給湯室など皆で使用する共有場所です。共有場所は、なるべく公平になるように分担し、不要物を探しましょう。

## ●ムダな物はこんなところにも溢れている

コピー機の周辺には、コピーをミスした資料や取り忘れてそのまま放置されている資料、ゼムクリップ、留めていたステープラー（ホチキス）の針、使用済みのトナーなど不要物がたくさんあります。

共有パソコンの置き場は、今は使われていないフロッピーやMOなどが放置されていませんか？　もしかしたら、そのパソコンも旧モデルで誰も使っていないかもしれません。

パソコン台の引き出しの中も勇気を持って開けてみましょう。入力済みの伝票、使えない事務用品、私物など雑多な不要物が見つかるのではないでしょうか？

パソコン台の下には、ホコリまみれのアプリケーションソフトの箱や、過去に廃棄したパソコンの周辺機器などが置きっぱなしになっていませんか？　プリンターの置き場の下には、かつて使用していた変色した印刷用伝票用紙、トナー、インクジェットが隅の方に積み重なっていないでしょうか？

打ち合わせ場所、作業台の周辺には、仮置き状態のダンボール箱や紙袋が机の下や隅の方に置かれているかもしれません。また、ホワイトボードの受け皿には、書けないホワイトボード用マーカーがたくさん置かれていないでしょうか？

これらの共有場所には、所在不明で、誰も使わないような物がたくさん置かれているはずです。

ほとんどが廃棄する物ですが、使える物は共有キャビネットへ戻しましょう。

共有場所も不要品基準に従って整理しますが、不要品基準に設定し忘れているものは意外と多いです。左ページの各共有場所に対する整理対象物と判断基準を確認してみてください。

## 共有場所の整理のポイント

| 共有場所 | 不要物発見場所 | 整理対象物と判断基準 |
|---|---|---|
| コピー機の置き場 | コピー機周辺 | ・使用済みトナー<br>・旧モデルの操作説明書、未使用トナー<br>・持ち主不明なコピー資料<br>・色あせたコピー用紙　…etc. |
| 共有パソコン及びプリンターの置き場 | パソコン台の引き出しの中、棚 | ・旧バージョンの操作説明書、アプリケーションソフトCD<br>・内容表示がない外部記憶装置（CD、MO、フロッピー）<br>・色あせた印刷用紙、持ち主不明な印刷資料<br>・旧モデルの未使用・使用済みのインクジェット<br>・空き箱　…etc. |
| 会議室 | ホワイトボード<br>壁<br>キャビネット | ・書けないマーカー、汚れたイレーザー<br>・掲示期限切れの掲示物、破れた色あせた掲示物<br>・管理部署不明なファイル（書類）、雑誌、書籍、贈答品、粗品　…etc. |
| 図書室 | 書籍 | ・誰も読まない本、雑誌<br>・複数冊ある本、雑誌　…etc. |
| 給湯室 | 流し台の下<br>食器棚<br>冷蔵庫 | ・変色・変形した使いかけの洗剤<br>・汚れて使えない雑巾、たわし、バケツ、容器、ヤカン、壊れたポット<br>・賞味期限切れの調味料、空き缶、空き瓶　…etc<br>・誰も使用していない食器、薄汚れた割り箸、ナプキン、タオル<br>・賞味期限切れのコーヒー、クリーム、茶葉、お土産品　…etc<br>・賞味期限切れの飲料水、調味料<br>・持ち主不明の飲みかけの飲料水　…etc. |

**POINT**
- 各部署の推進リーダー全員で全ての職場を巡回して共有場所を特定し、５S対象部署を決めよう
- 各フロアーのレイアウトマップを作成し、共有場所の５S推進部署を記入しよう

# 10 思いきってレイアウト変更をしよう

納するキャビネットに分けて集めるために移動します。

書類は書類、物は物と、ワンロケーションで管理できるようにすると、どこに何が入っているか探しやすくなりますし、空きスペースを1カ所に集約することができ空のキャビネットがたくさん出てきます。空のキャビネットをそのまま放置しておくと、不要物の置き場所になってしまいます。入れる物・書類の予定がなければ、思いきって撤去しましょう。これがキャビネットの整理です。このことで、事務所は見違えるほどすっきりするはずです。

● 整頓の前にレイアウトを変更しよう

実は、整理は整頓の前準備です。整理をすることによって、必要な物を最適な場所で管理できる環境になったというわけです。整理の最後の仕上げとして、空いたスペースを活用し、思いきって棚の移動やレイアウトを変更しましょう。

レイアウトは、業務の流れどおりにワンアクションで作業ができ、ワンロケーションになるようにキャビネットや、コピー機、個人机の配置を変えます。レイアウトの変更により、打ち合わせエリアやワークエリアの新設など、空いたスペースが有効活用できます。

● 仕上げはキャビネットの整理

整理を進めていく段階で、「不要品基準」では不要物であっても、処分することが決断できない物が出てきます。迷ったときは、執行猶予箱に入れましょう。

執行猶予箱とは、ある一定の期間を経過しても使用しない物を不要物と判断する置き場所です。ダンボール箱に処分できない物を入れて封印し、内容物の表示と封印した日付の記入をします。1〜3年経過しても開封することがなければ、執行猶予箱に入っている物全てを不要物として判断し、廃棄処分します。

事務所は不要物が撤去されてかなりすっきりとしてきました。最後はキャビネットや個人机などの什器類の整理をしましょう。

整理が完了したキャビネットの中は、空きスペースが目立ちませんか? 各キャビネットに分散して置かれていた物や書類を、物を収納するキャビネットと書類を収

## ワンアクション・ワンロケーションのレイアウト変更をめざそう

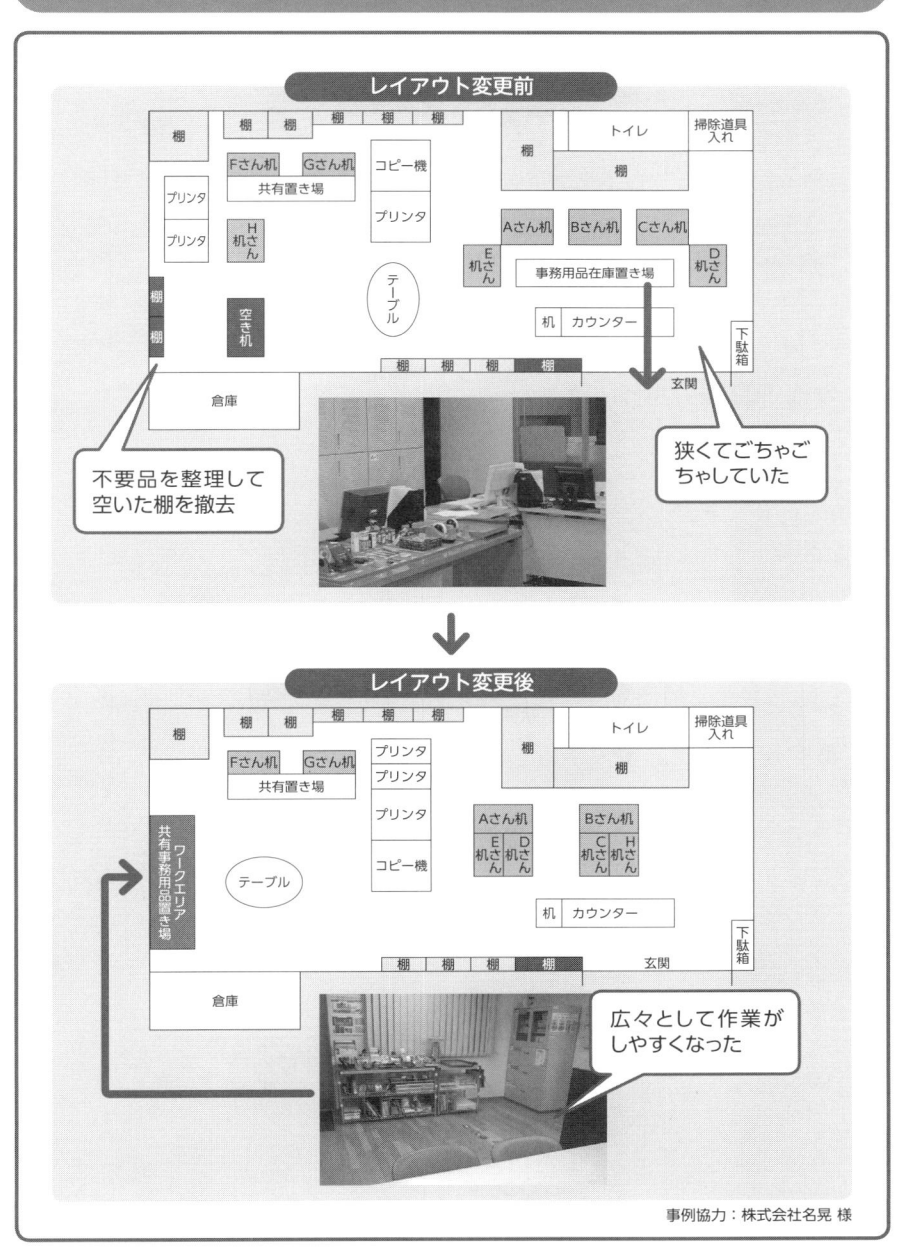

**レイアウト変更前**

- 不要品を整理して空いた棚を撤去
- 狭くてごちゃごちゃしていた

↓

**レイアウト変更後**

- 広々として作業がしやすくなった

事例協力：株式会社名晃 様

COLUMN 3

# 整理がうまくいくチェックリスト

## ●事前準備で整理をスムーズに進めよう
□不要品の置き場を事前に設置する
□廃棄の分別基準に対応した廃棄物の容器を準備する
□余剰の事務用品は、使用用途別（書く、切る、貼る、綴じるなど）に分別できるように小箱を準備するとリサイクル品として使用しやすく、整頓のステップがラクになる

## ●物の整理のポイント
□徹底的に不要品を撤去する
□必要以上に持たない、置かないこと
□いつか使うと思うと捨てられない。その場合は、まずは猶予箱に入れ、封印しておく。たとえば、1年間封印を開けなければ、不要品として判断し、処分しよう
□5Sを始めたときには必要であった物も、時が経過すれば不要になる。不要品基準表に従って定期的に整理することが定着化を図るポイント

## ●書類の整理のポイント
□徹底的に不要品、不要書類を撤去する
□不要書類は溜めずに、不要物はすぐに廃棄する
□思いきりよく捨てる。かつファイルの中の書類を1枚1枚見て捨てよう
□ワンベスト原則で廃棄しよう

# 4章 整頓は5Sの要

# 整頓の3要素

## ●整頓で仕事のやりやすい職場にしよう

物や書類の整理が完了したら、次は整頓です。5Sの成果は、整頓によって実現します。

整頓とは、次のような状態のことを示します。

- 必要な物を、いつでも、誰もが使用できるように、最適な置き場所を決めて、すぐに取り出し、活用できるような置き方を定めること
- 使用後に正しく戻せるように、あるいは戻し忘れや戻しミス、さらには紛失などがすぐにわかるように、徹底的に表示をする管理状態のこと

よく、整理をしただけなのに、「整理・整頓しました」と言う人がいますが、置き場所を決めて置き方を考えて表示をしていなければ、整頓ができたとは言えません。

整頓には、「置き場所」「置き方」「表示」の3つの要素があります。この3要素を皆でアイデアを出し合えば、事務所スペースが有効に活用され、仕事がやりやす

い快適な職場に変えることができます。

整頓を進める上での手順を説明します。

### 手順① 整頓の対象物を確認する

整理が完了した後の残った個人机の中の物（事務用品、参考書類、私物）キャビネットの中の共通事務用品、情報メディア（CD、フロッピー、MO）、書籍、雑誌、カタログ、掲示物、新聞、什器、棚、ロッカー、机、伝票、パソコン……など、全ての物が整頓の対象です。

### 手順② 最適な置き場所を決めて移動する

今、置かれている場所が必ずしも最適な場所とは限りません。探したり、聞いたりしていたら最適な場所ではありません。置き場所の見直しをしましょう。どこに置いたらよいかのポイントは2～3項で説明します。

### 手順③ 置き方を工夫する

事務所内は限られたスペースです。必要な物が探しやすく、取り出しやすく、戻しやすい置き方を考えます。4～5項で置き方の考え方を説明します。

### 手順④ 徹底的に表示する

整頓の仕上げは、表示です。探すムダがなく、必要な物がいつも所定の場所に戻せるように徹底的に表示します。具体的な表示の方法は、6～7項で説明します。

## 整頓の推進手順

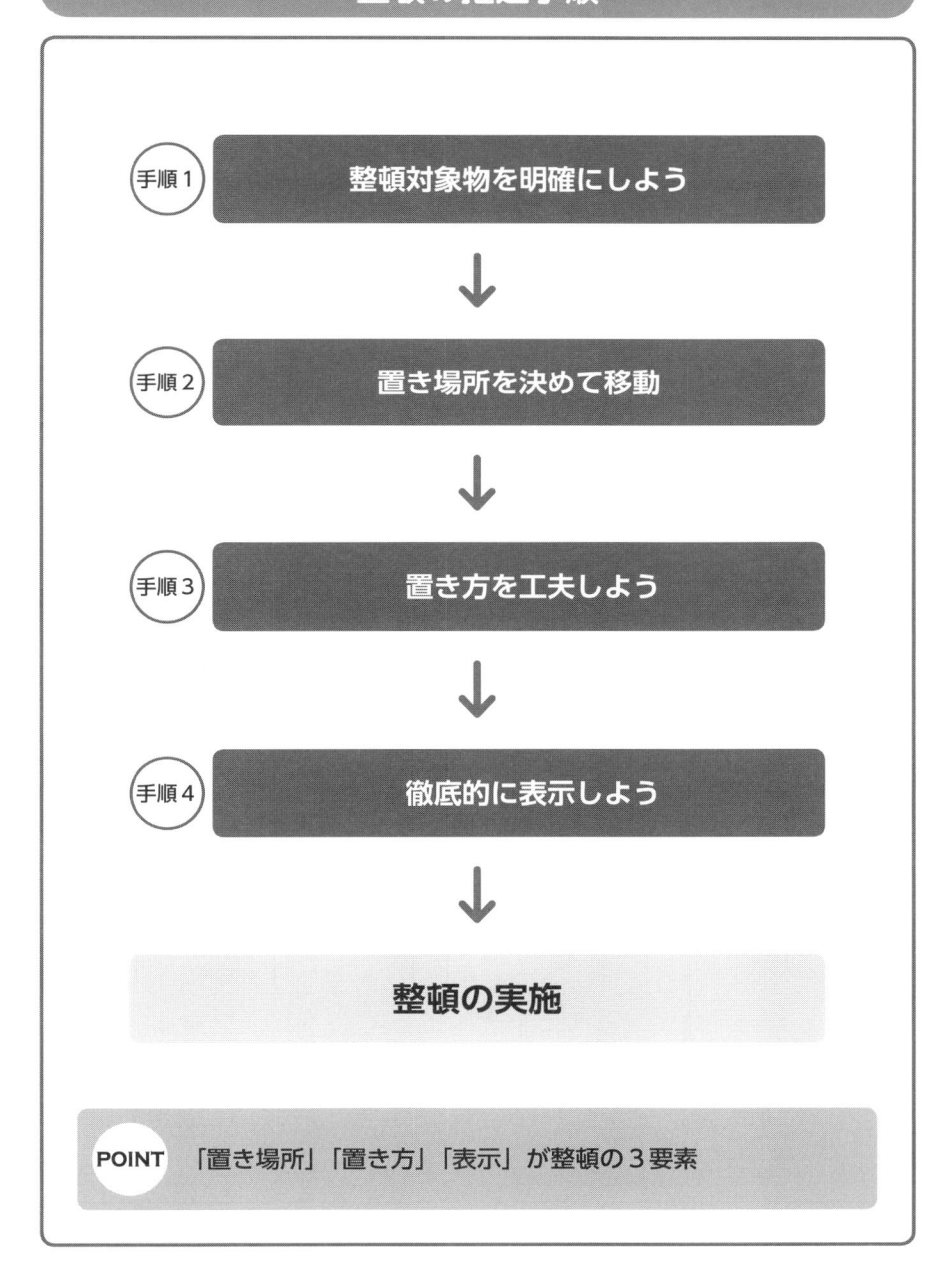

**手順1** 整頓対象物を明確にしよう

↓

**手順2** 置き場所を決めて移動

↓

**手順3** 置き方を工夫しよう

↓

**手順4** 徹底的に表示しよう

↓

### 整頓の実施

**POINT** 「置き場所」「置き方」「表示」が整頓の3要素

# 2 物は最適な置き場所に置く

## ●置き場所の決め方2つのポイント

どの場所に、何を置くのかによって、ムダな動作はなくなります。そのために最適な置き場所を決めることが、整頓のスタートです。

最適な物の置き場所を決めるポイントは、2つです。

### ① 使用頻度で置き場所を決める

日常使用している物は、「常時使う物」「たまに使う物」「めったに使わない物」に区分できます。

常時使うものは、作業効率を考えて、机の上、引き出しの中に置きます。たまに使う物は、スペース効率を考えて、共有場所を設置し、皆で使用できるようにします。

めったに使わない物は、限られた執務スペースではなく、職場外の書庫や倉庫を置き場所とし、移動します。

また、定置化できない一時的に置くものもあります。一時仮置き場を設置し、「仮置き表示」をします。仮置き表示とは、誰が、いつ、何を、どのような目的でいつまで置くのかを表示したものです。

### ② 使用目的別に置き場所を決める

事務所に置かれたものは、業務に必要な物です。使用する目的や用途が同じ物は、1カ所にまとめて置きます。たとえば、事務用品在庫置き場、図書コーナー、雑誌コーナー、パソコン関連用品置き場です。さらに事務用品は、書く、消す、貼る、切る、留めるなど、使用用途に分けて置きます。

同一業務に関連した物は、隣接した置き場所に配置します。たとえば、コピー機の横には用紙やトナーなど直ぐに補充できるように置きます。使用目的、用途が判断できるように置く場所を決めると、探すムダや取り忘れがなくなり、作業の効率化を図ることができます。

また、同じ物があちらこちらに分散して置かれていた場合は、1カ所にまとめましょう。スペースのムダ、在庫のムダ、探すムダ、管理工数のムダがなくなります。

キャビネットは、重い物は下段、よく使う物は中段、軽い物は上段に置き安全性と動作性を考慮した置き場所も重要です。

最適な置き場所とは、ワンロケーション・ワンアクションが実現された置き場所というわけです。

# 4章 整頓は5Sの要

## 最適な置き場所に整頓しよう

### ・置き場所は使用頻度で決める

パソコン

事務用品
私物
参考書類

常時使う物は個人机の上、引き出しの中に

たまに使う物は共有事務用品置き場で管理しよう

### ・使用目的別に置き場所を決める

用紙置き場

雑誌コーナー

**POINT** ワンアクション、ワンロケーションを実現した置き場所をつくろう

# 業務効率を実現した置き場所の事例

## ●作業がスムーズにいく置き場所の選定

本項では、ワンロケーション・ワンアクションを実現した置き場所の選定の事例を紹介します。

### 事例① 共有事務用品置き場

中部産連盟（中産連）の共有事務用品は、5Sを始める前は3段トレーケースに筆記用具類を入れ、別のキャビネットにはパンチ、セロテープ、ファイル類などあちらこちらのキャビネットに分散して置いていました。5Sを始めて、レイアウトの変更をした際に、スチール製可動組み立て棚を購入し、分散していた事務用品置き場をワンロケーションにまとめ、共有事務用品置き場を設置しました。

最上段は、自分の席に戻らなくても作業ができるように皆で使うセロハンテープ、パンチ、ボールペン、カッター、はさみ、のり、修正ペンなどを配置。2段目の棚には、従来から使用していた3段トレイを組み込み、書く物、消す物、貼る物、留める物の事務用品の在庫を用途別に置くスペースにしました。共通事務用品置き場の隣には作業台を設置しました。共有ワークエリアとして有効に活用しています。

### 事例② セミナールームの備品置き場

中産連では、公開研修用にセミナールームがあります。セミナーを開催するには、机や椅子はもちろんのこと、プロジェクタ、スクリーン、パソコン、延長コード、レーザーポインタ、マイク、電池、スピーカー、ホワイトボードのマーカー、研修生の席札……など、研修に必要な備品や用品がたくさんあります。5Sを始める前は、これらの用品は、事務所の各々の棚に置かれていましたから、研修の事前準備のためにあちらこちらに取りに行き、多くの時間がかかっていました。

そこで、セミナーに必要な備品や用品をワンロケーションで管理できる専用キャビネットを配置しました。講師用名札や受講者用名札は名札類にまとめて配置し、レーザーポインタ、マイク、電池などは、小物用品としてまとめて配置してあります。これで、研修の準備もラクにできるようになり、準備不足品もなくなりました。

**4章　整頓は5Sの要**

## ワンロケーション・ワンアクションの置き場をつくろう

・共有事務用品置き場

事務用品の用途別識別の運用ルール例

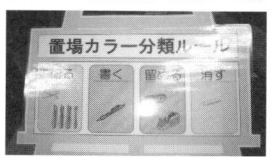

「カラー識別」で必要な事務用品を探す領域を限定

皆で使う事務用品
・ボールペン　・カッター　・はさみ
・のり　・修正ペン

留める物はピンク色のケース

書く物は緑色、消す物は水色、貼る物は黄色のケースで分別

・セミナールームの備品置き場

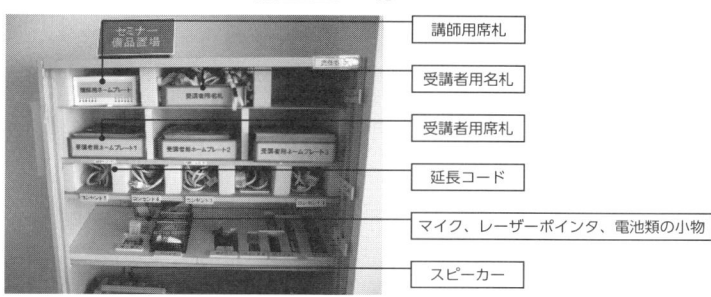

講師用席札
受講者用名札
受講者用席札
延長コード
マイク、レーザーポインタ、電池類の小物
スピーカー

研修に必要なものがすべて揃っている

**POINT** 業務効率の良い置き場づくりで仕事が早く、ラクになる！

# 4 置き方の工夫でスペース確保

## ●効率的な置き方4つのポイント

「必要な物がたくさんあって、キャビネットに入り切らないから整頓ができない」と思っていませんか？ スペースは、置き方の工夫と配置数量によって確保することができます。そのポイントを4つ紹介します。

### ①置き方の基本

置き方の基本は、水平、直角、平行です。斜めに貼られた掲示物があったら直したくなりますよね。水平、直角、平行に置かれたり貼られている職場は、規律性と統一感が感じられます。

### ②種類別に置く

スペースがないからといって異なった種類のパンフレットや伝票、封筒などを重ねて置いていませんか？一番上の物は見えますが、下にある物は見えません。使わない物になってしまうか、探すムダがいつも発生します。種類が異なる物は重ねないことが重要です。

### ③限られたスペースを有効活用する置き方

一番スペースを必要とする置き方が「平置き」です。次にスペース効率の良い置き方が「立て置き」です。立て置きにすると、物が選びやすくなります。さらに効率の良い置き方が、トレーケースなどに入れた「立体置き」です。そして、最も効率の良い置き方は、壁やキャビネットの側面にフックをつけるなど、空間を活用した"かける"、"吊るす"「空間置き」です。

キャビネットは、棚と棚の空間を、可能な限り有効活用しましょう。書類と物のキャビネットは分けるとよいでしょう。棚板を移動したり追加したり、棚板を取り外してトレーケースを組み入れることも効果的です。

### ④乱れない置き方

スペースがなく、トレーケースに複数の種類の物を入れざるを得ない場合があります。最初は区分けして配置しますが、使用していくうちに雑然としてしまいます。姿絵置きや種類、サイズ別に小箱や仕切り板で領域を区分けすると、いつでも整然とした置き方で物が探しやすくなります。乱れない置き方のポイントは「大部屋から小部屋」です。

# 4章　整頓は5Sの要

## 置き方を工夫すればスペースはまだある!

・水平、直角、平行に置く

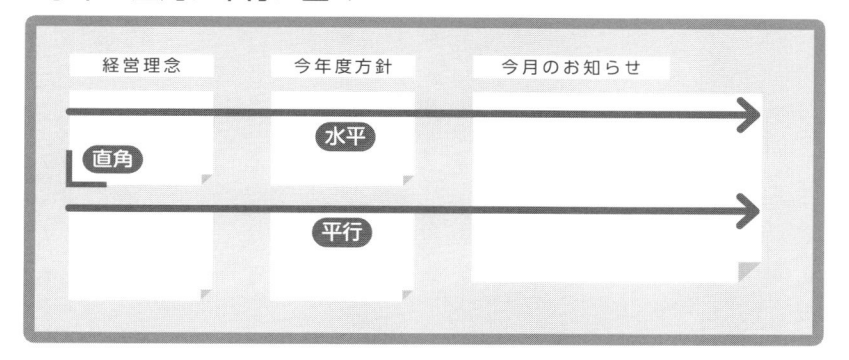

| 経営理念 | 今年度方針 | 今月のお知らせ |

直角　水平　平行

・限られたスペースを有効活用する

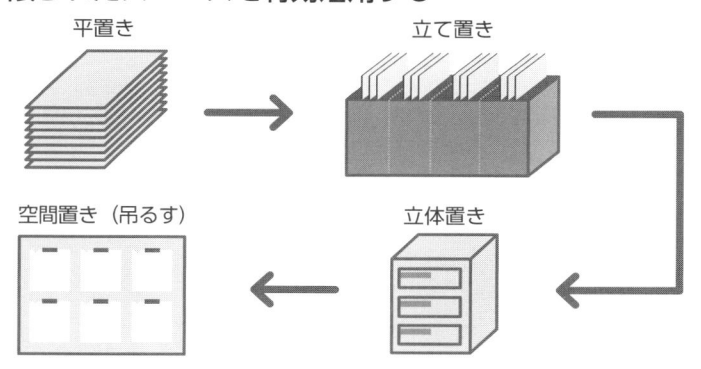

平置き → 立て置き

空間置き（吊るす） ← 立体置き

・乱れない置き方を工夫する

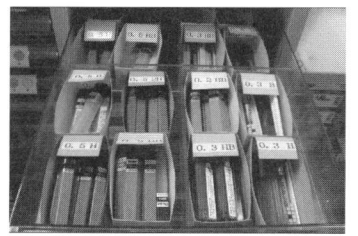

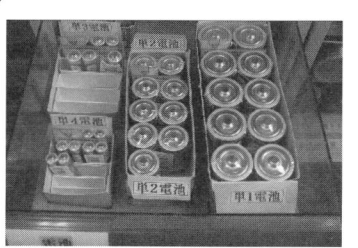

大部屋から小部屋へ　　トレーの中をさらに個室に

# 5 取り出しやすく戻しやすい置き方の事例

## ●ワンアクションの置き場をつくろう

本項では、実際に置き方を工夫して成果を出している事例を紹介します。

**事例①　オープンキャビネット**

扉付きのキャビネットは、整理・整頓をしても扉で隠されてしまうため、作業途中で一時的に「チョコ置き」した物や書類がそのまま置きっぱなしになってしまい、表示以外の物がどんどん増えてしまいます。

また、物が戻されているかがチェックできないため、所定の場所に戻されていなかったり、なくなってしまう物も多くなります。

中産連では、扉が必要なキャビネットは、施錠が必要な重要機密書類・高額備品を保管するものと、埃や落下防止を必要としているものに限定し、それ以外は扉を思いきって取り外しました。キャビネットが「隠し場所」から「見せる収納場所」に変身です。どこに何があるかが一目でわかり、決められた場所にきちんと戻すことが自然にできるようになりました。

**事例②　工具の置き方**

事務所でも、棚の設置や修理、配線工事などをするために工具箱があります。以前は、工具箱の中の整理・整頓をやっても、いつの間にか乱雑になってしまっていました。そこで事務所の整理をした結果、キャビネットに空きスペースができましたので、思いきって工具箱に入っていた工具を全て取り出して棚に並べました。

奥の方は見づらく取り出しにくいので、発泡材と薄板を、釘を使わずに積み木のように組み合わせて傾斜置きにしました。また、元の場所に戻しやすいように発泡材で「ワンベスト姿絵置き」にしました。また、棚の上にスペースがあったので、発泡材と薄板を上に重ね、小部品置き場をつくりました。

見やすく、取り出しやすい、戻しやすい、「ワンアクション」で見える工具置き場の完成です。

これら2つの場所は、中産連のご自慢の場所です。

68

# 取り出しやすさと戻しやすさがポイント

・オープンキャビネット

- 法令コーナー
- 書籍コーナー
- 雑誌コーナー
- 参考図書コーナー

全てのキャビネットの扉を取り外した、見せる収納・5Sの例

・工具置き場

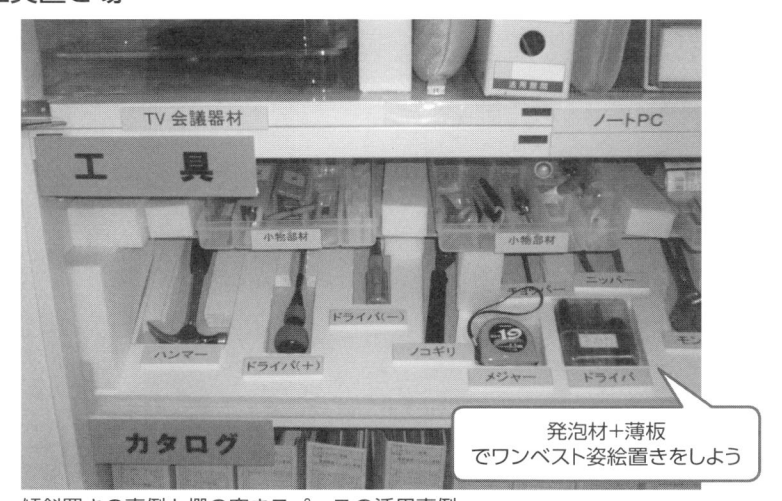

発泡材＋薄板でワンベスト姿絵置きをしよう

傾斜置きの事例と棚の空きスペースの活用事例

# 表示の種類と目的

## ●目的別に表示しよう

整頓の最後の仕上げは、表示です。表示は、誰もが一目で必要な物の置き場所が判断でき、使い終わったら元の場所にきちんと戻すための案内板です。新人でも誰かに気を使いながら聞いたりすることもなくなります。

そのためには、事務所に置いてある物や場所全てに表示をしましょう。……とは言っても、どこにどのような表示を、どこまでしたらよいのかわからないかもしれません。

表示は、「職場」「置き場」「扉・引き出し」「容器」「位置」「現物・使用場所/箇所」「数」「使用状況」「管理責任者」「運用ルール」など、目的別に作成する必要があります。

以下に、主な表示の目的を説明します。

### ①職場の表示

ワンフロアーに複数の部門が配置されている場合、誰もが迷わずに行きたい職場に行けるようにするために表示をします。

### ②置き場の表示

必要な物がワンロケーションで置かれ、その置き場の表示により、誰もがワンアクションで業務に必要なものを使用することができます。

### ③扉・容器の表示

扉や容器を開けなくても、何が置かれているかわかるように内容物を表示します。探すムダがなくなります。

### ④位置の表示

棚の置かれた位置に品名、サイズを表示します。誰でも、どこに戻すかが判断でき、正しく戻せます。また、戻し忘れ、戻しミス、紛失の状態がすぐわかります。

### ⑤現物・使用場所/箇所の表示

保管されている物が何に使用するのか、どこで使用するのかが、新人でもすぐにわかるように、現物に品名、使用目的、使用場所等の表示をします。

### ⑥管理責任者の表示

置き場の責任者を表示します。他の人が異常を発見したり、改善要望を伝えることができます。責任者本人も、表示があると管理者としての責任や自覚が出てきます。

70

# 目的別に表示しよう

・職場の表示

・置き場の表示

・引き出しの表示

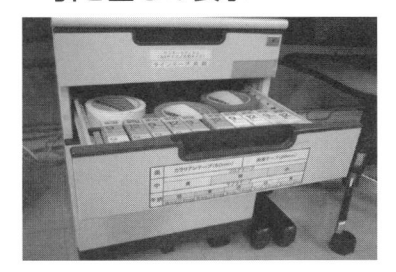

・容器の表示

・表示の例

- 置き場の表示
- 管理責任者の表示
- 容器の表示
- 現物の表示
- 位置の表示

# 7 見やすく探しやすい表示のテクニック

●移動できる表示物がおすすめ

表示の場所は、どこに表示したら見やすいかを考えながら決めます。壁、床、空間、キャビネット、棚、現物などが表示する場所です。空間に表示する場合は、両面表示を行います。

表示物は、ラベル、看板、アクリル板、区画線、テープシート（テプラ、ネームランドなど）、マグネットシート、紙にラミネート加工したものなどを表示する場所によって使い分けますが、「移動できる表示物」を選定することをおすすめします。物は増えたり、入れ替わったりしますから、その度に置き場所を移動し、別の場所に移し変えることになります。そのような場合、表示物が剥がしにくかったり、剥がせても剥がすと跡が残って汚くなってしまうため、本当はワンロケーションで管理すべきところを別々の場所に置いてしまい、表示物と物が一致しなくなることがあります。容易に置き場所を変えることができるようにすることも、5Sの維持定着化のポイントと言えるでしょう。

「移動できる表示物」は、スチール製のキャビネットであれば、磁気が強めのマグネットをおすすめします。樹脂や木製のキャビネットなどは、表示物の粘着部分にメンディングテープの表面を貼りつけると剥がしやすくなります。端をちょっと折り曲げておくと、さらに剥がしやすくなります。

●表示方法のポイント

表示は、見やすく、わかりやすくなければ意味がありません。ポイントは、「大きさ」「標準化したフォーマット」「カラー識別」です。どこから見るかによって、表示の大きさは異なります。「職場の表示」は、遠くから判断できるように一番大きいサイズにします。サイズは「置き場の表示」→「扉の表示」→「容器の表示」→「位置の表示」の順で小さくするとよいでしょう。置き場やキャビネットの表示は、大きさ、文字の種類・サイズは標準化すると統制が取れて見やすくなります。

また、表示内容は、文字だけでなく写真、イラストを加えるとわかりやすく、種類や用途別にカラー識別をすると、さらにメリハリがついて見やすくなるでしょう。

## 見やすい、探しやすい表示のポイント

①表示のサイズはできるだけ大きく
②フォントは明朝体よりゴシック体もしくは、HG丸ゴシックM－PRO

### 表示基準（文字サイズ基準）

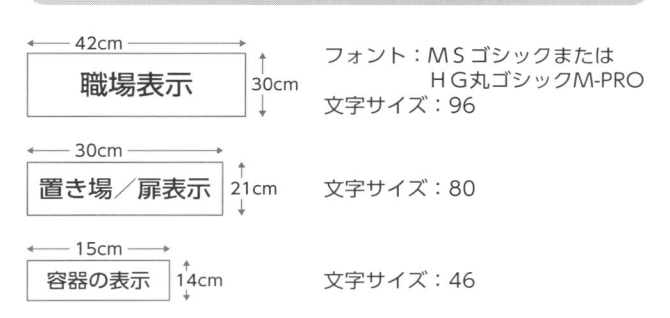

| | |
|---|---|
| 職場表示 42cm×30cm | フォント：ＭＳゴシックまたは<br>　　　　　ＨＧ丸ゴシックM-PRO<br>文字サイズ：96 |
| 置き場／扉表示 30cm×21cm | 文字サイズ：80 |
| 容器の表示 15cm×14cm | 文字サイズ：46 |

③用途別、種類別、業務別にカラー識別するとメリハリがついて見やすくわかりやすい
④写真は、品名を見ても判断しにくい場合に用いると便利

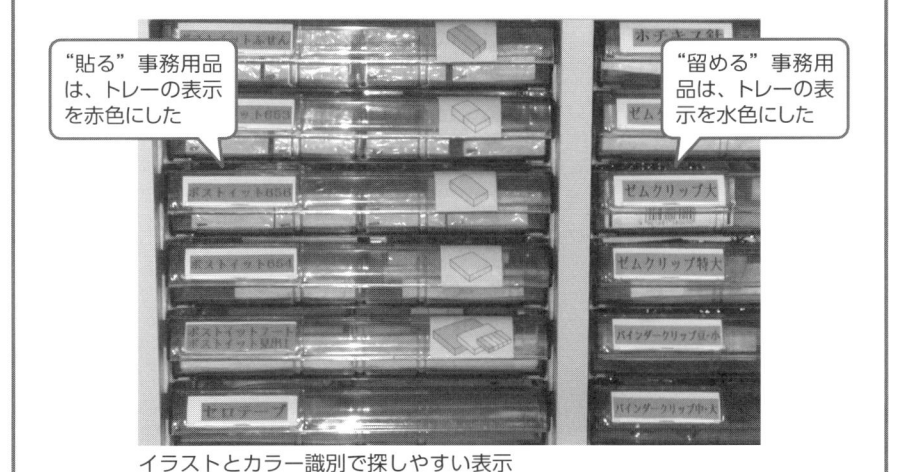

- "貼る"事務用品は、トレーの表示を赤色にした
- "留める"事務用品は、トレーの表示を水色にした

イラストとカラー識別で探しやすい表示

# 事務用品・消耗品の発注・在庫管理

## ●発注・在庫管理のムダを見直そう

事務用品や消耗品は、使用していくと必ず在庫がなくなります。使うときに欠品していて、慌てて近くの文房具店に買いに走ったことはありませんか？ 最後の1個を使ったときに、在庫切れを知らせたらいいのか迷ったことはありませんか？ 発注担当者は、在庫チェックや発注に意外と多くの手間や時間をかけていませんか？

また、欠品防止のために、余剰に発注してしまっていないでしょうか？ 1本、1個は安価でも、まとまれば大きな金額になりますし、必要以上に在庫を持つと、ムダな使い方をしてしまい、経費のムダが発生します。

## ●スムーズに発注・在庫管理するための工夫

見える事務用品・消耗品の発注・在庫管理とは、在庫置き場の置き方などによってワンシステムで、必要最小限の数量で、欠品することがなく、必要なときに使用するためのしくみです。

まず、事務用品や消耗品を用途別に分類して、必要な種類を特定し、最大在庫量、最小在庫量（発注点＝発注する必要がある時点の数量）、発注数を明確にした「発注管理基準」を作成します。

次は、「発注点カード」の作成です。発注点カードとは、表面に発注ルール（品名、品名コード、発注点、発注数、最大在庫数、発注先、発注手順）を明記し、裏面には、納品待ちの状況を明記したカードです。

発注点カードは、発注するタイミングがわかるように、各々の事務用品や消耗品の発注点に該当する前側や上側に置き、発注点カードを取り出さなければ必要な事務用品が使えない状態にします。使用していく段階で発注点カードが表れたら、置き場に設置した透明な発注依頼ケースに入れておくようにしましょう。発注担当者は、カードの有無を確認し、発注をします。発注済みのカードは裏返しにして、納品待ちケースに入れておけば、発注待ちなのか、納品待ちなのが、一目でわかります。

ゼムクリップなど1回の発注ロットが大きいものは、余剰品管理容器を別に設け、容器内に発注点カードを配置し、在庫場所には補充カードを添付して、容器から必要量を補充するとよいでしょう。

# 事務用品・消耗品の発注・在庫管理

## 発注点管理基準表

| No. | 品名 | 品番／規格 | 発注方式 | 発注点 | 発注量 | 最大在庫 | 調達TL | 調達先 | 備考 |
|---|---|---|---|---|---|---|---|---|---|
| 1 | ゼムクリップ | 大 1000本入り | 定量 | 1箱(100) | 10箱(1000) | 11箱(1000) | 1日 | ㈱○○文具 | 補充点管理適用 |
| 2 | ゼムクリップ | 小 1000本入り | 定量 | 1箱(100) | 10箱(1000) | 11箱(1000) | 1日 | ㈱○○文具 | 補充点管理適用 |
| 3 | ダブルクリップ | 大 10個入り | 定量 | 1箱 | 3箱 | 4箱 | 1日 | ㈱○○文具 | |
| 4 | ダブルクリップ | 小 10個入り | 定量 | 1箱 | 3箱 | 4箱 | 1日 | ㈱○○文具 | |
| 5 | スライドクリッパー | S 10個入り | 定量 | 1箱 | 3箱 | 4箱 | 1日 | ㈱○○文具 | |
| 6 | ガチャ玉 | 大 200発入り | 定量 | 0 | 1箱(200) | 1箱 | 1日 | ㈱○○文具 | 補充点管理適用 |
| 7 | ガチャ玉 | 中 100発入り | 定量 | 0 | 1箱 | 1箱 | 1日 | ㈱○○文具 | 補充点管理適用 |
| 8 | クリアホルダー | A4 | 定量 | 5 | 20 | 25 | 1日 | ㈱○○文具 | |
| 9 | 透明ポケット | A4、2穴、10枚入り | 定量 | 1袋 | 10袋 | 11袋 | 1日 | ㈱○○文具 | |
| 10 | クリアーブック | OHP用替紙10枚入り | 定量 | 1袋 | 2袋 | 3袋 | 1日 | ㈱○○文具 | |
| 11 | レポート用紙 | A4 | 定量 | 1冊 | 4冊 | 5 | 1日 | ㈱○○文具 | |
| 12 | ファスナーファイル | A4、20冊入り | 定量 | 1箱 | 1箱 | 2箱 | 1日 | ㈱○○文具 | |
| 13 | ネームランド用テープカートリッジ | 黒文字白テープ 12mm | 定量 | 0 | 1箱 | 1箱 | 1日 | ㈱○○文具 | |
| 14 | ネームランド用テープカートリッジ | 黒文字白テープ 24mm | 定量 | 0 | 1箱 | 1箱 | 1日 | ㈱○○文具 | |
| 15 | シャープ替芯 | HB | 定量 | 1 | 10 | 11 | 1日 | ㈱○○文具 | |
| 16 | 消しゴム | 中 | 定量 | 2 | 3 | 5 | 1日 | ㈱○○文具 | |
| 17 | 修正液 | | 定量 | 1 | 2 | 3 | 1日 | ㈱○○文具 | |
| 18 | 修正テープ | | 定量 | 2 | 3 | 5 | 1日 | ㈱○○文具 | |
| 19 | のり | スティックタイプ | 定量 | 1 | 2 | 3 | 1日 | ㈱○○文具 | |
| 20 | テープ | | 定量 | 1 | 2 | 3 | 1日 | | |

### 発注点カード

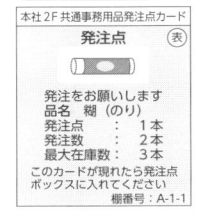

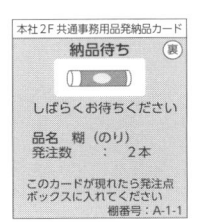

**本社2F 共通事務用品発注点カード**
発注点 (表)
発注をお願いします
品名 糊（のり）
発注点 ： 1本
発注数 ： 2本
最大在庫 ： 3本
このカードが現れたら発注点ボックスに入れてください
棚番号：A-1-1

**本社2F 共通事務用品発納品カード**
納品待ち (裏)
しばらくお待ちください
品名 糊（のり）
発注数 ： 2本
このカードが現れたら発注点ボックスに入れてください
棚番号：A-1-1

### 補充点カード

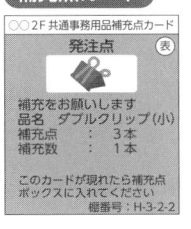

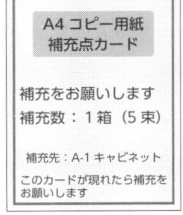

**○○2F 共通事務用品補充点カード**
補充点 (表)
補充をお願いします
品名 ダブルクリップ(小)
補充点 ： 3本
補充数 ： 1本
このカードが現れたら補充点ボックスに入れてください
棚番号：H-3-2-2

**A4 コピー用紙 補充点カード**
補充をお願いします
補充数：1箱（5束）
補充先：A-1 キャビネット
このカードが現れたら補充をお願いします

・発注点カード、補充点カード入れの例

・発注点カードの運用例

発注点にカードを置きカードを取り出して発注依頼するシステムが確立

# 9 貸出し管理

もが見やすい置き場所の近くに配置してください。モバイルパソコンやデジタルカメラなどの置き場所（保管場所）に貸出し札かカードを置くと、貸出し状況が誰でも見えます。戻し遅れや異常が、一目で判断でき、管理表を確認する手間が省けます。

置き場所には、貸出し管理表の記入ルールや、使用期限など運用ルールを表示し、ルールを守る工夫も大事です。モバイルパソコンやデジタルカメラは、「返却時にはデータ消去する」など、返却時のルールも決めておくとよいでしょう。

## ●貸出しは管理表などでルール化しよう

モバイルパソコンやデジタルカメラなど高額な備品は、紛失すると大変です。でも、意外と管理はずさんではありませんか？　5Sで貸出しのルールを決めて管理することが必要です。

まず、持ち出し管理が必要な備品を、ワンロケーション管理できる置き場所に配置します。さらに、ワンベスト姿絵置きの置き方にすると、戻し場所がより明確になります。

そして、どこに何を置くかの位置表示と、複数台ある場合は管理番号を現品に表示しましょう。管理責任者も決めてください。

次に、「貸出し管理表」を作成します。貸出し管理表には、誰が、いつから、いつまで、何の目的で使用するのか、貸出し状況が記録できる管理表です。使用予約も記入できる表にするとベストです。貸出し管理表は、誰

## ●施錠が必要な場合は鍵の管理をしっかり行う

ルールをきちんと守ってくれれば、業務をセルフサービス化することができ、管理工数が削減できますが、ルールが守れない場合は施錠が必要になってしまいます。

そのような場合、鍵の管理をきちんと実施することも必要です。キャビネット番号を記した札を鍵につけて、ダイヤル式の鍵ボックスで管理することをおすすめします。鍵ボックスには、鍵の戻す位置表示と持ち出し札をつけるようにすると、誰が持ち出したかが一目でわかります。鍵ボックスにも管理責任者を決めて表示してください。

## 貸出し管理はルールが決め手

・モバイルパソコンの持ち出し管理例

**持ち出し管理表**

※持出は最長　3日迄
※予約者が優先です

機種名　　Pnasonic CF-W5

| 日付 | 氏名 | 予約 | 持出日 | 返却予定日 | 返却日 | 持出先 | 用途 | 備考 |
|---|---|---|---|---|---|---|---|---|
| 200×年3月10日 | 小林 | ○ | 3月15日 | 3月18日 | 3月18日 | △△㈱ | 研修 | |
| 3月20日 | 山田 | | 3月20日 | 3月22日 | | ○○産業 | 研修 | |

予約状況が一目でわかるので、確認や調整がしやすくなった。返却遅れがあった場合は即注意できる

・保管場所で持ち出し状況の見える化

持ち出しルールが守られないので、プロジェクタを持ち出すと勧告カードが出てくるようにした

# 10 整頓の徹底には運用ルールが必要

セルフサービス化を実現するためには、次のような運用ルールが必要です。

① 事務用品・消耗品の発注手順のルール
発注点カードや補充点カードに表示された内容は、発注や補充を依頼するための運用ルールですが、現場・現物による発注点・補充点在庫置き場に表示してください。共有事務用品・消耗品在庫置き場に表示してください。

② 備品類の貸出しルール
備品を借りる場合は、予約手続き、貸出し手続き、返却手続き、貸出し期間、貸出しの制限などを、運用ルールとして明確に決める必要があります。貸出し備品置き場に表示すれば、ルールが徹底されます。

③ 一時置き場の管理ルール
返品、準備品、納品など一時的に物を置く必要が発生します。一時仮置き場を設置し、誰が、いつからいつまで、何を、どのような理由で一時置きするのか仮置き表示用紙を用意し、一時仮置き場に設置しましょう。

④ 廃棄物の分別ルール
廃棄物置き場は、分別する容器と表示の他に具体的に対象廃棄物の分別基準を容器の前に表示すると、分別基準が徹底されます。

● めざすは業務のセルフサービス化

本項まで、整頓の3要素である「最適な置き場所」「見やすく、取り出しやすく、戻しやすい置き方」「表示をする目的」を紹介しました。特に表示は、探すムダをなくし、決められた場所にきちんと戻すための手段であり、運用ルールの大事な一つです。

しかし、それだけでは具体的な作業手順、基準、注意事項などはわかりません。誰に聞かなくても作業ができるよう運用ルールを決めて、それを適用する物の置き場所や作業場所に表示すると、運用ルールが周知徹底され、実行力がアップし、業務のセルフサービス化が実現できます。

セルフサービスとは、担当者の手をわずらわせることなく、自分で判断して物を使用できるしくみのことです。セルフサービス化が進むと、少ない人員で仕事を回すことができるようになります。

## 整頓のポイントはセルフサービスを実現するルールづくり

・現場・現物による発注点・補充点管理の運用ルール

事務用品の発注点カードの取り扱い方法や、発注の手順がわかる

・備品類の貸出しルール

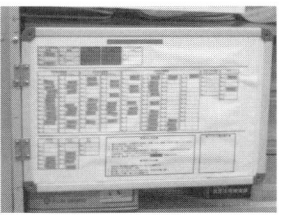

貸出し状況表……備品の貸出しの手順や、返却の手順がわかる

・一時仮置き場の仮置き表示

| 部門 | 購買部 |
|---|---|
| 氏名 | 小林 |
| 仮置き期間 | 2012年4月5日〜4月12日 |
| 品名 | ○○工業の△△加工品返品 |
| 理由 | 不良品の原因調査のため |

COLUMN 4

## 街の中で見つける整頓のヒント

　整理は、捨てる判断基準を決めれば誰もができたけれど、整頓はちょっと考えなければならないし大変だなと思っているかもしれませんね。

　そこで、提案です。整頓を始める前に、スーパーマーケット、ドラッグストア、文房具店などに見学に行きましょう。探しやすい最適な置き場所、限られたスペースにたくさん置く方法、見やすい表示、取り出しやすい置き方、商品の発注状況の表示……など、整頓を進める上でのお手本がたくさんありますよ。

　初めて利用するスーパーマーケットで、店内案内マップと各売場の商品案内看板が設置されていて便利だなと思ったことがありませんか？　あちらこちら迷わずに買いたい商品売場にワンアクションで行けますよね。商品の配置は、野菜は野菜、お肉はお肉、お惣菜はお惣菜と、商品群ごとに分類してワンロケーションで配置されています。また、平置きの商品、吊るした商品、小箱やトレーに入れた商品などさまざまな置き方をして、限られたスペースを有効に使いながら、見やすい工夫、取出しやすい工夫もされています。商品の表示位置は商品の下の棚板に標準化されています。

　他にも、ドラッグストアでは、商品説明や安売り商品のＰＯＰが表示も大きく、見やすいので、店員さんに聞かなくても商品を選ぶことができます。

　街の中のさまざまなところで、ワンロケーション、ワンアクション、ワンシステムの考え方を随所に取り入れた置き場の設置、置き方の工夫、見やすい表示がされていますので、買い物に行ったときに思い出してください。

# 5章 個人机は5Sの原点

# 個人机の5Sとは？

誰のためでもなく、自分のために行うのです。きちんと片づいた机の上、引き出しの中、仕掛書類の管理状態であれば、周りの人も出張先からの急な応対や、お客様からの問い合わせにも快く協力してくれるはずです。

## ●個人机の5Sのメリット

決められた場所に決められた物をきちんと置く習慣は、個人机からです。自分の机の管理ができなければ、共有場所の5Sはできません。

個人机の5Sをすることで、次のワンベストが実現でき、業務リードタイム短縮、情報やノウハウの共有化、スペースの有効活用、経費削減などが図られます。

① 事務用品は必要以上に持たない……ワンストック
② 仕掛書類は1カ所で管理……ワンロケーション
③ 優先順に配置された仕掛書類……ワンシステム
④ 業務別に分類された参考書類……ワンアクション
⑤ 業務書類はセンターファイル化……ワンファイル

また、次のような効果も期待できます。

① 仕事を溜めず、計画的に行うようになる
② 必要以上に私物を持ち込まないので、セキュリティ面でも安心

## ●自分の業務効率アップのために個人机の5Sを行おう

4章で整頓の考え方、テクニックを理解していただけたと思います。これから実際に整頓を行っていきますが、整頓は、まずは個人机から始めます。

事務所の5Sにとって、個人机の5Sは原点です。個人机の5Sによって、仕事のやり方も変わります。5章では、個人机の5Sを行う目的や進め方を詳しく説明します。

整理をした机の上、引き出しの中はすっきりしました。多くの人は、この状態で「5Sができた」「これ以上やる必要はない」と思ってしまいます。しかし、5Sは維持定着することが必要です。

何のために個人机の5Sを実施するのかを、もう一度確認しましょう。個人机は、自分の仕事場です。広いスペースで仕事をした方が集中力もアップし、業務の効率も良く、気持ち良く仕事ができます。個人机の5Sは、

5章　個人机は5Sの原点

## 5Sは個人机から始めよう

業務書類は共有キャビネットでセンターファイル化

広々として作業スペースで集中力アップ

優先順にワンシステムで配置された仕掛書類の管理

ワンストックの事務用品置き場

共有キャビネットで仕掛書類BOXをワンロケーション管理

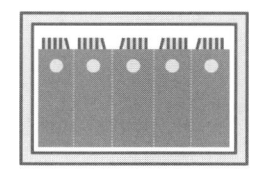

**POINT** 個人机の5Sは、経費削減、業務リードタイム短縮、情報・ノウハウの共有化、スペースの有効活用などの成果につながる

# 2 個人机の管理基準

## ●個人机のルールをつくろう

3章で個人机の整理のやり方を説明しました。一時的には整理した個人机も、しばらくすると元の雑然とした状態に戻ってしまいます。そこで、個人机の5Sのあるべき姿を「個人机の管理基準」として、ルールを作成します。

個人机のあるべき姿とは、
① 退社時の個人机のあるべき姿
② 決められた場所に、決められた物をキチンと戻せるワンロケーションのあるべき姿
③ 必要以上に持ち込まないワンストックのあるべき姿

です。それを実現するために、次のように「個人机の管理基準」を決めます。

・個人机の上に置いてよいものを決める

【例】退社時にはパソコンと電話と仕掛書類ボックスしか置かない、デスクマットには何も挟まない……など。

・机の引き出しに入れる場所と入れる物を決める

【例】右袖机一番上は「事務用品」、2番目は「私物」、3番目は「参考書類」。真ん中の幅広の引き出しは内線番号表、ノート。業務書類は全て共有キャビネットに移動。CDなども、共有キャビネットに移動。引き出しには入れる物の表示をする……など。

・私物の定義を決める

【例】事務所に持ち込んでもよい物は、ハンカチ、タオル、ティッシュペーパー、眼鏡、薬、嗜好品(タバコ、ガム)、辞書、携帯電話。ロッカーの中に入れておく物は、弁当、置き傘、鞄……など。

・机の引き出しの中に入れる物の置き方を決める

【例】事務用品はワンベスト姿絵置きにする、真ん中の引き出しは入れる物が定置できるように仕切り板もしくは箱の中に入れる……など。

・仕掛書類の置き方を決める

【例】仕掛書類は縦型のボックスファイルに入れる……など。

個人机のルールは、個人で決めるのではなく、会社のルールとして、「個人机の管理基準」を決めると、全員に周知徹底できます。

## 個人机の管理基準例

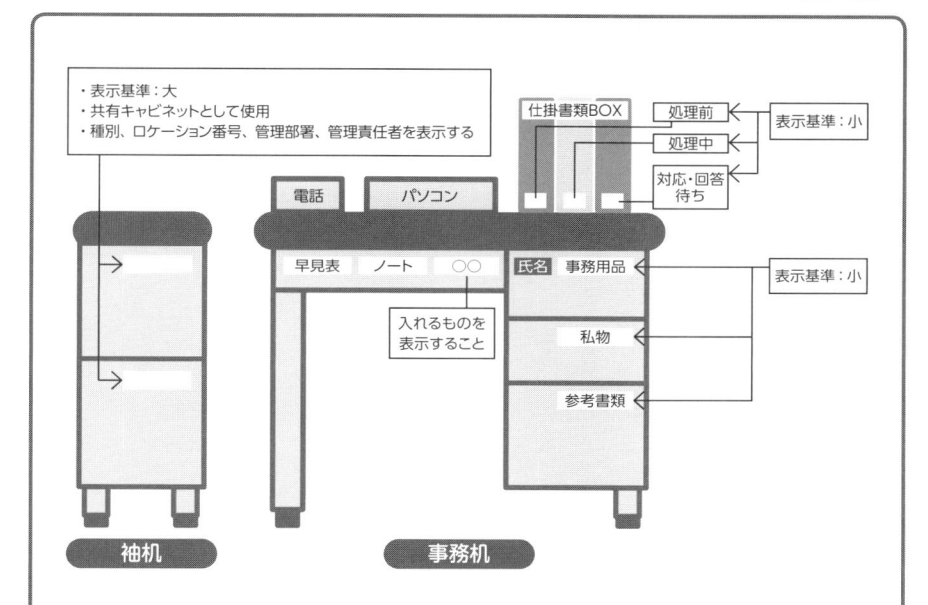

（図：袖机と事務机の管理基準例）

袖机側の注記：
- 表示基準：大
- 共有キャビネットとして使用
- 種別、ロケーション番号、管理部署、管理責任者を表示する

事務机上部：電話、パソコン、仕掛書類BOX（処理前／処理中／対応・回答待ち）→表示基準：小

事務机：早見表、ノート、○○／氏名、事務用品、私物、参考書類 →表示基準：小

「入れるものを表示すること」

### ①事務机
- 机の上は常に整理・整頓・清掃を心がけること
- 机の下には何も置かないこと
- 席を離れるときは、椅子を中に入れること
- 退社時は机の上には、パソコンと仕掛書類ボックスのみとすること

### ②事務用品
- 事務用品は手持ち基準に基づいた種類と数量以外置かないこと
- 事務用品は姿彫りしたシートに置くこと （ワンベスト姿絵置き）

### ③仕掛書類ボックス
- 「処理前」「処理中」「対応待ち」「処理済」を基本に仕掛かりの状態が判断できるようボックスファイルを区分けして置くこと
- 仕掛書類ボックスには管理担当者名と内線番号をつける

### ④パソコン
- 管理番号を表示すること
- 退社時は電源を切ること

### ⑤用語の定義
① 参考書類……異動の際、引き継ぐ必要のない書類。原則としてファイルに綴じる
② 仕掛書類……作成・処理・転記・承認が終わっていない文書のこと。1件ごとにクリアファイルに収納する
③ 私物……業務に必要で事務所に持ち込んでよい物

# 3 個人机の引き出しの整頓

## ●引き出しの整頓は表示がポイント

「個人机の管理基準」に従って、机の上や引き出しに入れる場所、入れる物が決まったら、次は引き出しの整頓です。まず、決めた置き場所に物の表示を移動してください。

次に、各々の引き出しに入れる物の表示をします。たとえば、右袖机の一番上は事務用品、2番目は私物、一番下の3番目の引き出しには参考書類と表示します。真ん中の幅広の引き出しは、入れる物の名前を具体的に表示します。表示物は、移動できるマグネットか、剥がしやすいシールにし、見やすいサイズにしましょう。

引き出しの中の整頓のポイントは以下のとおりです。

### ① 事務用品の引き出しの整頓

ワンベスト姿絵置きにします（詳しくは次項）。

### ② 私物の引き出しの整頓

私物の置き方は、基本的には自由です。しかし、乱雑になってしまう一番の場所ですので、違う物を重ねて置かないように注意しましょう。小物は小箱にまとめて置くとすっきりします。

### ② 参考書類の引き出しの整頓

参考書類は、どのような業務の参考書類であるのかを業務別に分類し、必ずファイルに綴じて背表紙を記入します。整理したつもりでも、まだ必要のない参考書類が出てきたら、この機会に再整理しましょう。あるいは、後輩に渡すと喜ばれるかもしれません。

### ③ 真ん中の幅広引き出しの整頓

真ん中の幅広引き出しの中は、頻繁に出し入れする物や書類を入れます。とは言え、ほとんどの物は他の引き出しに移動していますから、メモ用紙やノート、カードケースに入れた早見表（内線番号表・社内カレンダー）くらいでしょうか。引き出しの中にも位置表示をすると、元の場所に戻すことが簡単にできます。

なお、名刺は保管形態によって引き出しの場所が変わります。名刺を入れる引き出しを決めて、表示しましょう。もちろん、名刺の整理・整頓も忘れずに。

仕掛書類・仕掛伝票は、引き出しの中には原則として入れません（詳しくは5～7項）。

## 引き出しの整頓のポイント

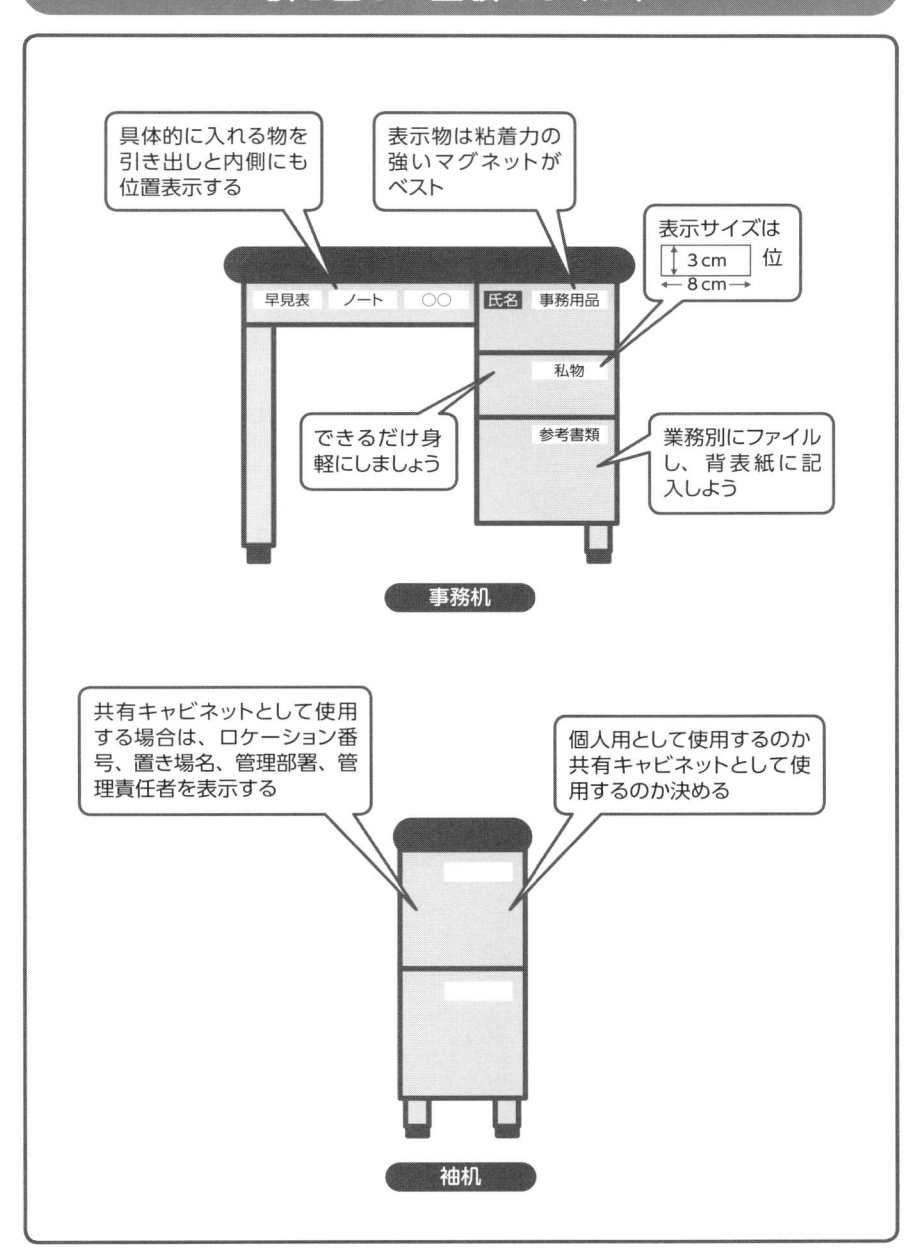

- 具体的に入れる物を引き出しと内側にも位置表示する
- 表示物は粘着力の強いマグネットがベスト
- 表示サイズは 3cm × 8cm 位

早見表　ノート　○○　氏名　事務用品

私物

参考書類

- できるだけ身軽にしましょう
- 業務別にファイルし、背表紙に記入しよう

**事務机**

- 共有キャビネットとして使用する場合は、ロケーション番号、置き場名、管理部署、管理責任者を表示する
- 個人用として使用するのか共有キャビネットとして使用するのか決める

**袖机**

# 4 事務用品はワンベスト姿絵置きですっきり

● 物を増やさず、元の場所に戻す習慣をつけよう

3章で説明した整理のやり方を実践していただいたのであれば、個人机の事務用品の引き出しは、「手持ち基準」に従って余剰品を整理し、業務に必要な事務用品がワンストックで入れられているはずです。

しかし、このままの状態では、事務用品は次第に増えてしまいます。

事務用品が増えないように、大部屋の引き出しを小部屋にして、必要な事務用品がいつでもすぐに使えるように見やすく、取り出しやすい状態にします。そして、使ったら元の場所に戻せるように定置化しましょう。

このように、物が増えないように、元の場所に戻せる置き方が「ワンベスト姿絵置き」です。

● ワンベスト姿絵置きのつくり方

ワンベスト姿絵置きは、机の引き出しの中にウレタンや発泡ポリエチレン等のシートを敷きつめて、ボールペンやシャープペンなどの個別の事務用品がぴったり収納できるようにカットした置き方です。

ワンベスト姿絵置きをするためには、まずシートに必要な事務用品を並べてみます。スペースや取り出しやすい置き方を検討し、配置を決定してからカットします。サイズにぴったり合わせなくても、やや大きめでもよいでしょう。ポストイットやゼムクリップなどは、小箱の中に入れると取り出しやすいです。カットが完了したら、シートの下にもう1枚同じシートかプラスチック製段ボールを敷きましょう。

最後の仕上げは表示です。所定の場所に戻るように、カットした位置に置く事務用品の名前を貼りましょう。手持ち基準で定めた必要な事務用品をワンストックで使用し、経費削減に貢献しましょう。

中には、「そこまでやる必要があるのか」と疑問を持たれる人もいるかもしれません。しかし、必要以上に持たない、使ったら戻すことの「しつけ」の一歩として考えて実践してみてください。机の引き出しを開けるのが楽しみになりますよ。

# 5章　個人机は5Sの原点

## ワンベスト姿絵置きの事務用品の引き出し例

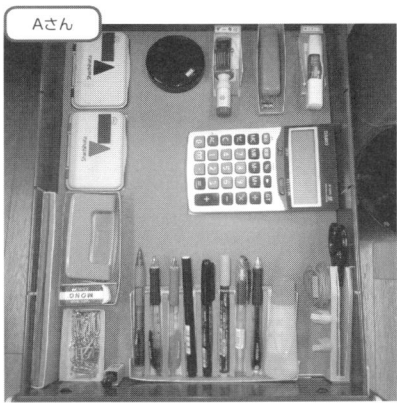

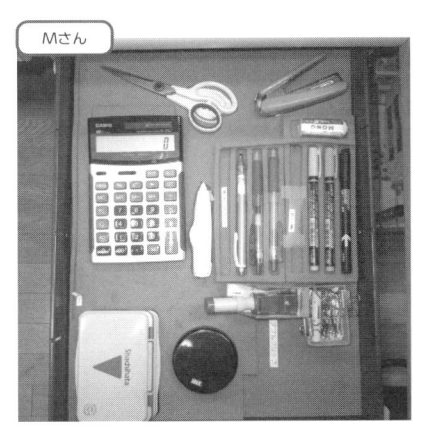

事例協力：株式会社名晃 様

**POINT** 頻繁に使う事務用品は手前に、大物は奥に配置する。ものさしは平置きより縦置きにするとスペース効率が良い

# 5 仕掛書類の整頓

## ●仕掛書類は見える化して置こう

仕掛書類は、3章5項の手順で整理され、机の上にワンロケーションで平置きされたと思います。次に、処理中・対応待ちの仕掛書類は、道具や置き方、表示などの工夫によって、仕掛の状態と進捗状況が見えるように整頓しましょう。

### 手順① 仕掛書類の収納道具の統一化

仕掛書類と、他の書類(参考書類、業務書類、管理書類)とを一目で識別できるようにすることが、仕掛書類の「見える化」のスタートです。仕掛書類は1件ごとにクリアファイルに入れます。他の書類は普通のファイルに収納します。収納する道具を分けると、仕掛書類の紛れ込みを防止することができます。

### 手順② 仕掛書類の状態分類を決める

仕掛書類は、「受付・処理前」「処理中」「対応・回答待ち」「処理済み」に分類できます。さらに、日常業務別に仕掛書類を分類することもできます。担当業務によって仕掛の進め方が異なりますので、担当業務がスムーズに進むような分類基準を決めてください。

### 手順③ 仕掛書類ボックスを準備

仕掛書類は、ボックスの容器で「立て置き管理」をします。入れやすく、取り出しやすく、並び替えやすいボックスの形状や素材を選定してください。紙よりプラスチックの方がしっかり立ちます。大きさは、仕掛書類の量によって異なりますが、大きすぎない方がよいでしょう。運用していくと仕掛書類の量は必ず減るはずです。

そして、分類基準ごとに表示した仕切り板を差し込み、手元にある仕掛書類を仕事の優先順に入れます。

### 手順④ 仕掛書類管理の運用

仕掛書類ボックスは、個人机の上に置きます。退社時はキャビネットで一括保管管理するとなおよいでしょう。処理中の区分をさらに本日、今週……と、処理日順に区分すると、優先度を考慮した計画的な仕事のやり方ができます。また、対応・回答待ちの仕掛書類は、いつから対応・回答待ちであるか、対応・回答待ちの理由、いつ回答が来る予定なのかなどのメモを添付するとフォローアップがしやすいでしょう。

## 仕掛品書類の整頓

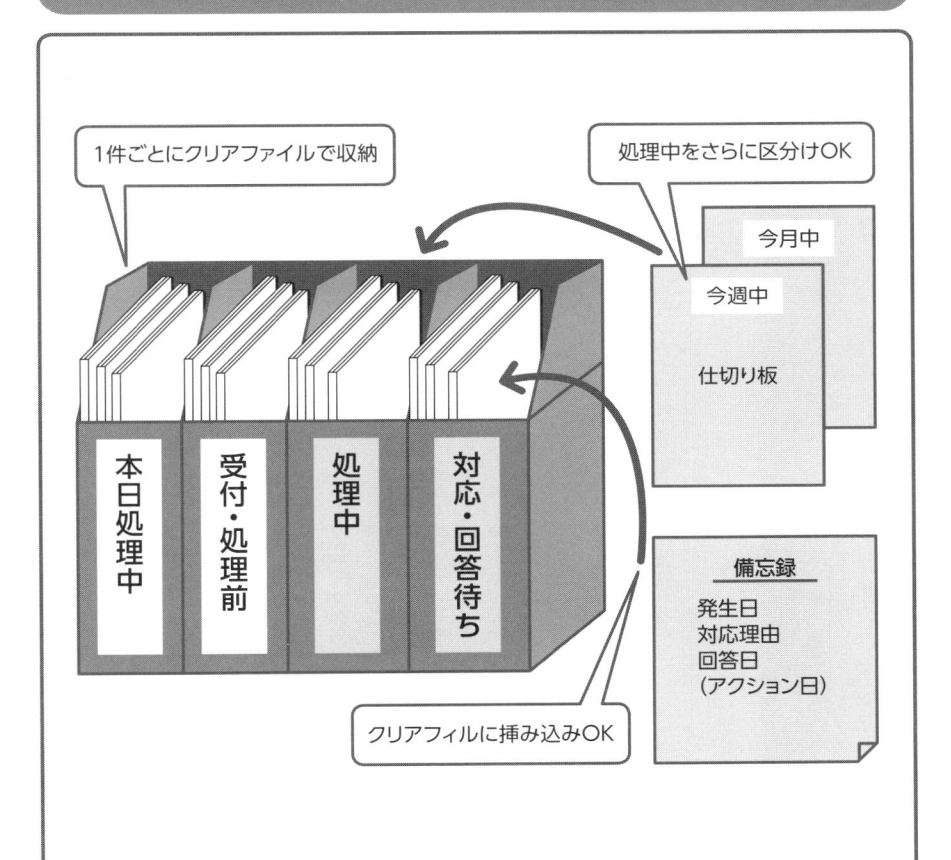

1件ごとにクリアファイルで収納

処理中をさらに区分けOK

今月中
今週中
仕切り板

本日処理中
受付・処理前
処理中
対応・回答待ち

クリアフィルに挿み込みOK

備忘録
発生日
対応理由
回答日
（アクション日）

・仕掛状態の分類

| 本日処理中 | 本日処理する予定の仕掛書類 |
|---|---|
| 受付・処理前 | 依頼されたがまだ目を通していない書類 |
| 処理中 | 現在処理中の書類 |
| 対応・回答待ち | 処理し始めたが中断※している書類 |

※中断…他部署や顧客に不確かな点を確認中、回答を待っている、調整中、承認待ちの書類などで仕事を進めたくてもできない状態

# 仕掛書類ボックス管理による成果

## ●業務の状態がすぐわかる仕掛書類ボックス管理

仕掛書類は状態別に分類することにより、業務の負荷状態や、業務日程計画とその進捗状況が誰もが一目で判断できるようになります。その方法として、仕掛書類ボックス管理をおすすめします。仕事を計画的に進めるようになります。仕掛書類ボックスで管理することによって、次の成果が期待できます。

① 一人ひとりが計画的に仕事をする習慣が身につく
② 担当者不在時でも周りの人がスピーディに対応することができ、お客様への信頼性が向上する
③ 管理者のきめ細かいフォローアップが可能になり、重大問題になる前に処理することができる
④ 仕掛書類の停滞時間が減少し、リードタイムが短縮される
⑤ 業務の効率化を図れる

## ●仕掛書類ボックスで部下のフォローもできる

仕掛書類ボックスは、書類入れにするのではなく、「管理する道具」として使いこなしてください。毎朝出社してすぐやることは、仕掛書類ボックスのチェックです。

① 本日実施する仕掛書類を今週分の中から選定する
② 対応・回答待ちの仕掛書類から本日実施できる分を選定し、本日分の仕掛書類ボックスに入れる
③ 本日分の仕掛書類が完了するように、時間配分と優先順位を考えて仕掛書類を並び替えて仕事に取りかかる
④ 管理者は部下の仕掛書類を定期的にチェックする

仕掛書類は、仕事の負荷状況やトラブルの発生要因を判断できる情報です。そのため、管理者は少なくとも週1回は部下の仕掛書類ボックスをチェックしましょう。特に対応・回答待ちの書類には注意です。各担当者の悩みが見えてきます。応援体制の指示などが早めにできるので、納期遅れやお客様からのクレーム対応などの事後処理時間が大幅に減るはずです。

## 仕掛書類ボックス管理の成果

**5S前**

仕掛書類量は常時60cmあり、いつも督促され、残業続きだった

↓

**仕掛書類の整頓後**

仕掛書類ボックス1箱（20cm）内で処理できるようになり、褒められることも多くなった

・仕掛書類ボックスの対応待ちを上司がチェック

**POINT** 仕掛書類ボックス管理で業務の計画と進捗状況が誰でも一目ですぐわかる

# 7 仕掛伝票管理も5Sの対象

## ●仕掛伝票もワンロケーション

昨今、オンラインで伝票処理を行っている会社が多くなってきています。しかし、営業、購買、経理部門では、担当者の個人机の上や引き出しの中に、クリップで留めた伝票、輪ゴムで束ねた伝票、トレーやクリアファイルの中に雑然と入れられた伝票等々、さまざまな種類の伝票が大量に置かれている会社も少なくありません。

これらの伝票は未処理の伝票なのか、処理中の伝票なのか、処理済の伝票なのかがわかるように、自分なりに工夫しているかもしれませんが、担当者が急に休んでしまったら代わりに処理することができません。

仕掛伝票も5Sの対象です。最適な置き場所で、仕掛の状態が判断できる表示をし、ミスなく効率的に仕事が進められるようにしましょう。以下に、購買部門の発注伝票の例で5Sのやり方を紹介します。

### 手順① 伝票を入れる道具の準備

発注業務では、発注手配漏れを防ぐため、発注依頼受付→発注手配→発注済みと、発注業務の流れが伝票で判断できるようにトレーなどで伝票の置き場を区分します。

準備するトレーは、次の4種類です。

① 受付けた発注依頼伝票と発注伝票（控え）のトレー
② 発注手配済みの発注依頼伝票と発注伝票（控え）のトレー
③ 発注手配中に問い合わせをし、回答待ちの発注依頼伝票のトレー
④ 緊急手配の発注依頼伝票と発注伝票（控え）のトレー

### 手順② トレーの配置と表示

発注伝票のトレーは、発注業務の流れと同じ配置にし、仕掛の状態が判断できる手順番号を表示します。

### 手順③ 運用

問い合わせ中の伝票には、問い合わせ内容、回答日を明記した付箋を貼りつけておくと、確認遅れやミスがなくなります。

## 仕掛伝票管理のポイント

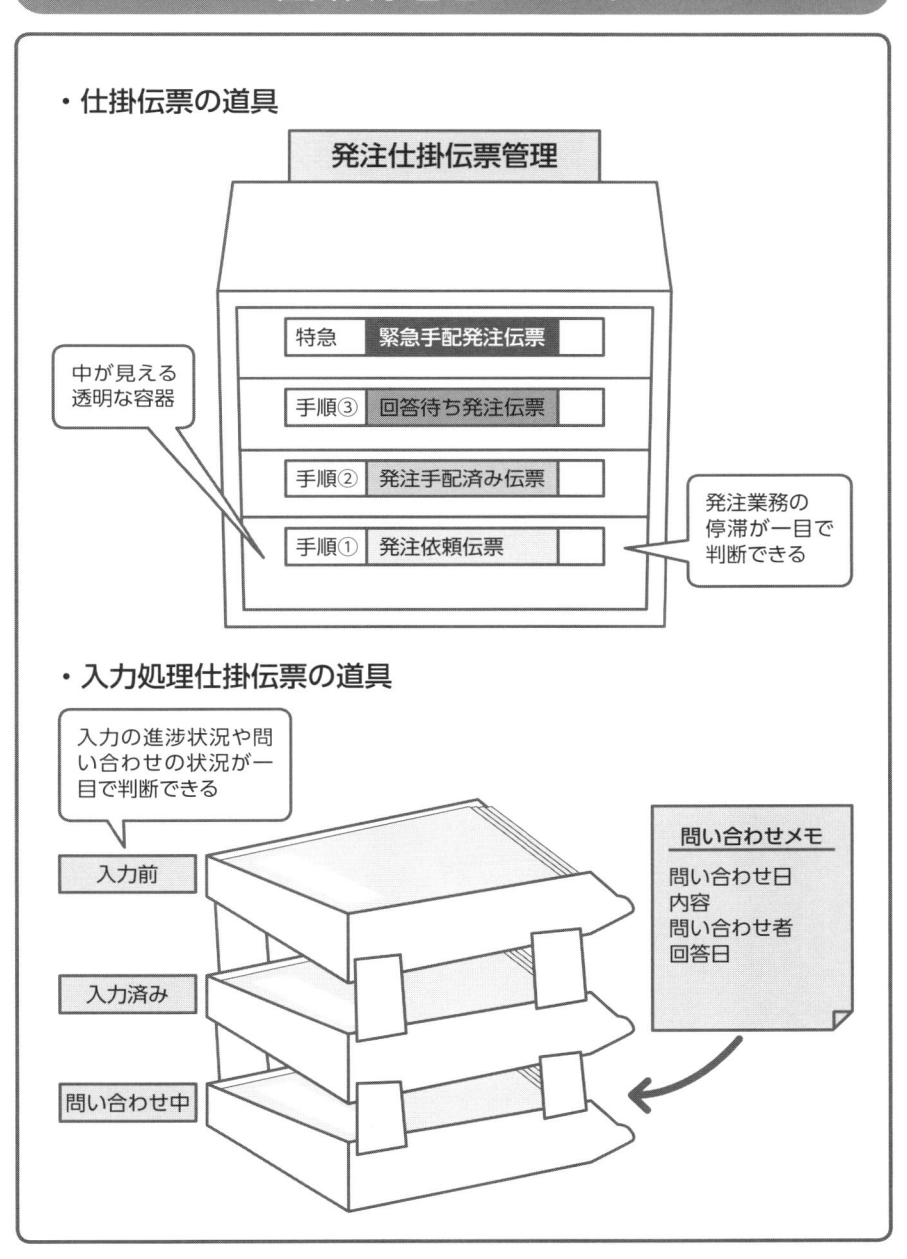

・仕掛伝票の道具

**発注仕掛伝票管理**

| 特急 | 緊急手配発注伝票 |
| 手順③ | 回答待ち発注伝票 |
| 手順② | 発注手配済み伝票 |
| 手順① | 発注依頼伝票 |

中が見える透明な容器

発注業務の停滞が一目で判断できる

・入力処理仕掛伝票の道具

入力の進渉状況や問い合わせの状況が一目で判断できる

- 入力前
- 入力済み
- 問い合わせ中

**問い合わせメモ**

問い合わせ日
内容
問い合わせ者
回答日

# 8 個人への配付書類の管理

## ●配付書類は共有の場所で管理しよう

個人机の上は、整理・整頓でかなりすっきりしました。

しかし、長期出張者の個人机の上には、その期間に配付された書類や、受信済みFAX、電話メモなどが山積みになっていることはありませんか？ 出張後一番の仕事が机の上の片づけになってしまいます。

そこで、個人への配付書類も5Sの対象とされることをおすすめします。個人への配付書類は、在席中は直接本人に渡すことができますが、不在の場合、机の上に置いておくと、書類が紛失してしまうこともあります。

個人への配付書類は、共有の場所に置き場所をつくって、ワンロケーションで管理する方法に変えましょう。

各担当者の机を回って配付する手間も時間も省けます。

### 手順① 配付書類を入れる道具の準備

配付する担当者数のボックスファイルかトレーケースに配付書類を入れる容器として準備します。容器には配付する担当者の名前を表示します。

### 手順② 置き場所の設置

事務所の入口付近もしくは、共有事務用品置き場付近など誰でも確認しやすい場所に配付書類置き場を設置します。置き場表示と管理責任者の表示も忘れずに。

### 手順③ 注意喚起の表示

外出先から戻ったら、必ず配付書類ボックスを確認する習慣ができるように、配付書類ボックスの上に大きな文字で「お帰りなさい。重要な書類が届いています。ご確認願います」などと表示します。

### 手順④ 配付と受け取り

郵便物、受信済みFAX、電話メモ、社内報などの配布書類などは、個人机の上に置くのではなく、配付書類ボックス（トレー）に配付するようにします。

外出先から帰ったら、配付書類ボックス（トレー）を確認し、配付された書類を受け取り、仕事の優先順位を決めて対応します。

まだ配付書類を受け取っていないことが一目で判断できるので、すぐに注意喚起することができます。業務の効率化と処理のスピードアップを図りましょう。

## 配付書類の管理例

・配付書類のワンロケーション管理

郵便物、受信FAX、配付書類

入口の付近に設置する

・トレーでの配付書類のワンロケーション管理　（短期間不在用）

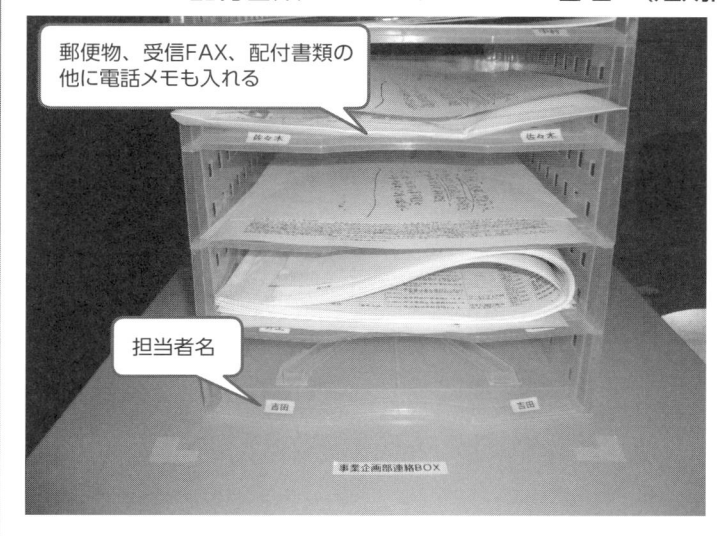

郵便物、受信FAX、配付書類の他に電話メモも入れる

担当者名

# 9 共有ワークエリアで作業しよう

## ●行ったり来たりするのは時間のムダ

事務所の整理をしたことによってできた空きスペースを有効活用するために、レイアウトを変更して、共有ワークエリアを設置しましょう。

配付資料などを作成するとき、プリンターで印刷し、コピー機で配付数をコピーしますね。今までは、コピーした資料を自分の席に持ち帰って作業をしていたと思います。しかし、自分の席は、今まで資料作成していたファイルや書類が散乱しているはずです。まず、机の上を片づけて、それからコピーした書類の確認や並べ替えをし、用紙を綴じるために大型ステープラー（ホチキス）やダブルクリップを共有置き場に取りに行き、作業が終わったら共有場所に戻しに行き……と、何度も行ったり来たりして、時間のムダでした。

共有ワークエリアの設置後は、これからは自分の席ではなく、共有ワークエリアで作業することを習慣にしましょう。広々とした作業しやすい環境で、仕事のスピードアップにつながります。そこで、共有ワークエリアの場所やレイアウトが最適か、配置する物に不足がないかどうかを、もう一度見直しましょう。

## ・共有ワークエリアの場所とレイアウト

共有ワークエリアは、できるだけ事務所の中央に設置します。そして、プリンター→コピー機→作業台→共有事務用品置き場→シュレッダーの順番にレイアウトを施すと、作業の流れどおりにワンアクションで作業できます。

## ・共有ワークエリアに配置する物

作業台には、大型・小型ステープラー（ホチキス）、大型・小型パンチ、セロハンテープ、カッター機、小箱に入れたゼムクリップ・ダブルクリップ、ポストイット、ペン、のりなどを用途別に配置します。大型ステープラーや大型パンチの置き場所には、動かさなくてもその場所で作業ができるようにA4サイズの用紙が置けるスペースを確保します。また、ゴミ箱もあると便利です。

プリンターとコピー機に隣接して、コピー用紙やトナーの在庫が配置されていると補充がしやすいですね。

5章　個人机は5Sの原点

## 共有ワークエリアでの作業（例）

**個人机**

- 従来の作業のやり方
- 机の上には、パソコン、キーボード、仕掛中の書類で作業スペースがわずかしかない
- 個人机では作業しづらい

**共有ワークエリア**

- 必要なファイルはワークエリアに持ってくる
- 広々としたスペースでファイリングができる

事例協力：大信産業株式会社 様

**POINT** 共有ワークエリアで仕事のスピードアップを図ろう！

# 10 フリーアドレスの5Sの方法

## ●5Sでフリーアドレス化を最大限活用しよう

最近、外出する機会が多い営業部門は、個人机ではなく、どの席で仕事をしてもよい「フリーアドレス」にしている会社も多くなりました。フリーアドレス化のメリットは、以下のようなことが挙げられます。

① 増員しても、個人机を配置する必要がないため、経費の削減とレイアウト見直し作業が軽減する
② 在席者が少ない場合は、広々と仕事ができる
③ 交流しやすくなりコミュニケーションが図れる
④ 少人数の打ち合わせが即刻、その場で行える

フリーアドレス化を有効に活用するためには、必要な物が最適な置き場所に配置され、皆で使用しやすい置き方にし、運用ルールを表示する5Sが必要です。

## ●フリーアドレス化のポイント

フリーアドレスにして、業務に支障がないようにするためには、次の環境整備が必要です。

① 私物・参考書置き場の設置……業務には私物や参考書が必要なことがあります。必要な人には、大きくなくてよいので、私物や参考書を置く引き出しやキャビネットを準備し、使用者の名前と運用ルールを表示します。

② 共有事務用品置き場の充実

いつも使用するボールペンやシャープペンシルはポケットやかばんの中に入れていますが、あまり使用しない事務用品は、皆で使用する共有事務用品を置きましょう。

③ かばん置き場

帰社したときに、一時的に置くかばん置き場があると便利です。

④ 配付書類ボックスの設置

8項で紹介した配付書類ボックスの設置が必要です。

⑤ モバイルパソコンへの切り替えと置き場設置

デスクトップよりモバイルパソコンの方がより移動しやすく便利です。

⑥ インターネット用LANケーブルの配置

どの席からもLANケーブルが使用できると便利です。

⑦ 会議室・打ち合わせ室の開放

全員が集合する場合は、会議室・打ち合わせ室で仕事をするようにします。

## 5章　個人机は5Sの原点

## フリーアドレスの職場環境

- 全員が集合する場合は、会議室を開放している
- 増員した場合は、椅子を追加すればOK。机を買う必要はない
- たくさんの書類や資料を広げることができ、業務効率がアップ
- どこに座ってもOK。いろいろな人とコミュニケーションがとれる
- 私物や参考書類の置き場、郵便物や配付書類、受信FAXを入れるトレーは別に設置

### ・モバイルパソコン用の電源コードとLANケーブルは設置

- 机の上はスッキリ
- 使用ルールも表示
- 一定間隔にコンセントLANケーブルを配置

COLUMN 5

## 個人机の5Sは皆で楽しくやろう！

　個人机の5Sは、個人がこっそりやるのではなく、全員で楽しく、イベント的にやるのが成功のポイントです。一人ひとりが次のチェックリストで個人机の5Sの完成度をチェックしてみましょう。個人机の5Sコンクールを開催し、表彰するのもよいでしょう。皆さんの笑顔と出会えます。

### 個人机の5Sチェックリスト

●机の上
□机の上にはパソコン、電話、仕掛書類ボックス以外置かれていない（業務中の仕掛書類は対象外）
□机の上のデスクマット内に書類や内線番号表等が挟まっていない
□机の上、パソコンに埃やゴミが付着していない

●引き出しの中
□引き出しの外側に、「事務用品・私物・参考書類」など、引き出しの中に入っている物の表示がある
□真ん中の幅広の引き出しには、仕掛書類が入っておらず、早見表・ノート・メモ用紙・個人提出書類等の置くものの表示が引出しの外側、内側にされている
□事務用品はワンベスト管理され、姿絵置きになっており、品名表示がされている
□私物は、定義した物以外が引き出しに入っていない（CD、FD、サンプルは入っていない）
□参考書類と業務ファイル等の区分けができている（引き出しの表示も区分けされている）※当該者のみ
□参考書類がカテゴリー別に管理されており、背表紙やボックスに表示されている

●仕掛書類管理
□仕掛書類ボックスは、仕掛の状態（本日処理分、未処理、処理中、対応・回答待ち、処理済）が一目でわかるように区分けされている
□対応待ちの理由、対応時期がわかるようになっている
□使用者名（個人名）、内線番号が表示されている

●机の下
□机の下には、何も置かれていない
□足元のケーブル（配線）は結束されており、ホコリが溜まっていない

# 6章
# 清掃は5Sの最後の仕上げ

# 見えない汚れと気づかない汚れ

## ●意外とあちらこちらに汚れがある

机の上や床の上はきれいなのにパソコンの周辺、ディスプレイ、キーボードはホコリだらけではありませんか？　静電気でホコリがかなり付着していると思います。低層キャビネットの棚の上は清掃したことはありますか？　多分ホコリで真っ白になっていると思います。

このように、事務所は見えない場所、気づかない場所がたくさんあり、ホコリやゴミ、汚れが溜まってしまっています。この機会に次の場所を確認してみましょう。

### ① 見えない汚れがある場所・箇所

高・中層キャビネットの天井部分、パソコンの裏側、机と机の間・配線、コピー機の挿入・排出トレー、応接テーブルの棚板、テーブル、椅子、ボードなどの脚部分、エアコン、壁かけの扇風機、ゴミ箱の内側　など

### ② 気づかない汚れがある場所・箇所

パソコンのディスプレイ・キーボード・プリンター、電話機、シュレッダーの挿入部分および周辺カス、床に落ちているパンチカス、ホワイトボードの受け皿、イレーザー、キャビネットの棚板（特に一番下の棚板）、テーブル、椅子、ボードなどの脚部分、コンセント、壁・ドアノブ、表示物、ゴミ箱、窓ガラス、扉　など

## ●整理・整頓ができてもホコリだらけでは意味がない

これらの場所から物を取り出したり、作業をすると、手は汚れ、書類が手垢で薄汚れてしまいます。整理、整頓ができていても、ホコリだらけの職場であれば、快適な職場とは言えません。健康に影響を及ぼしてしまうかもしれませんし、トラッキング現象（プラグとコンセントの接触部分にホコリが付着し、漏電・発火すること）など火災の原因にもなりかねません。

今までは見える場所だけを掃除していたかもしれませんが、5Sを続けていくためにも、見えない汚れや見えない汚れがある場所・箇所も清掃に取り組みましょう。

6章　清掃は5Sの最後の仕上げ

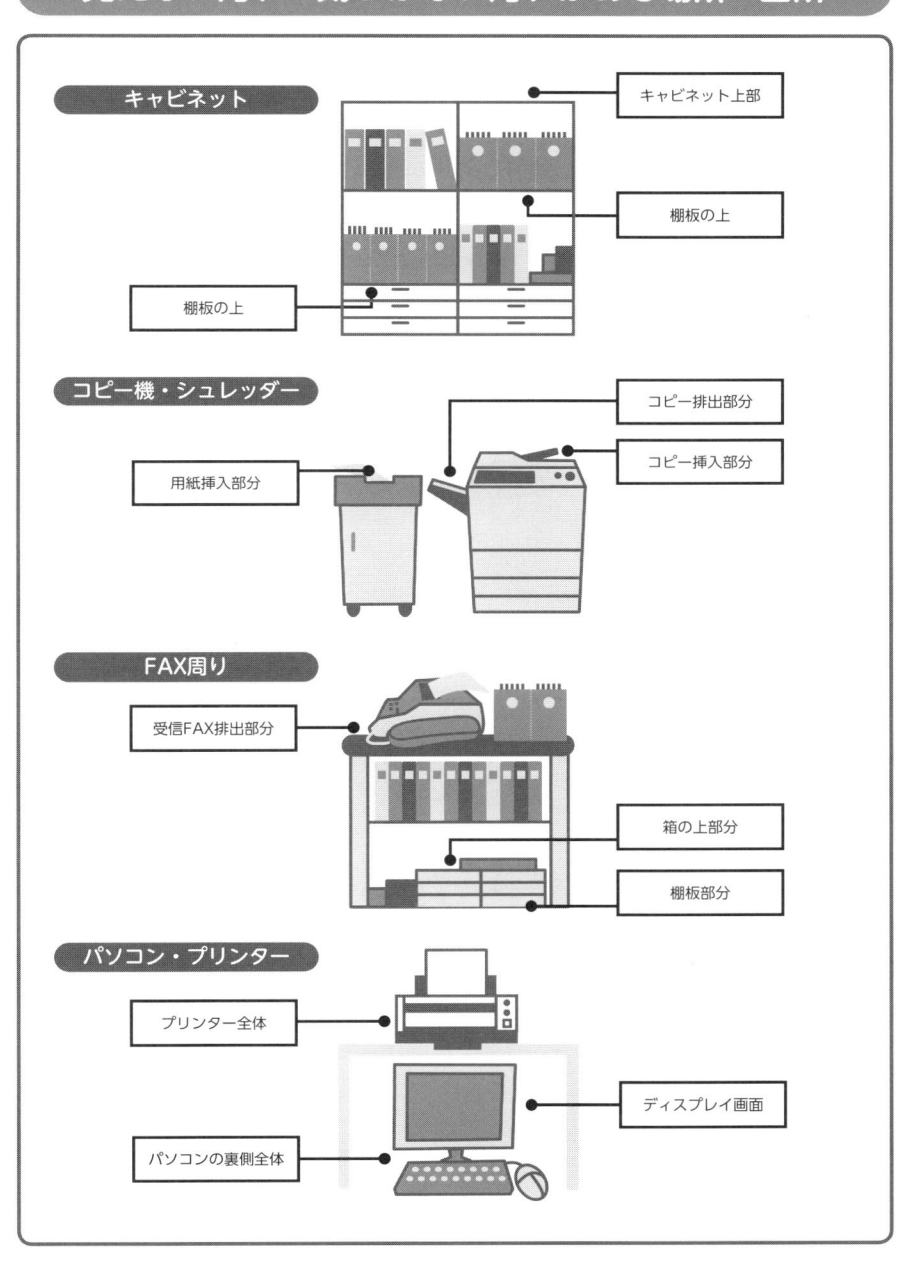

## 見えない汚れ・気づかない汚れがある場所・箇所

**キャビネット**
- キャビネット上部
- 棚板の上
- 棚板の上

**コピー機・シュレッダー**
- コピー排出部分
- コピー挿入部分
- 用紙挿入部分

**FAX周り**
- 受信FAX排出部分
- 箱の上部分
- 棚板部分

**パソコン・プリンター**
- プリンター全体
- ディスプレイ画面
- パソコンの裏側全体

105

# 5Sの清掃とは？

## ●清掃は気づかない汚れまできれいにすること

まったく清掃をしない会社はないと思います。ただ、清掃業者に委託している場合、自分たちは清掃をしなくても大丈夫だと思っていませんか？　清掃業者が行っている清掃は限られた場所であり、全ての場所が清掃されているわけではないのです。

5Sの清掃とは、「毎日清掃している場所だけではなく、気づかない箇所、見えない部分まで、職場のさまざまな汚れ、ホコリ、ゴミ、廃棄物を適当なタイミングで取り除くことにより、快適な職場環境を維持する」ことです。

「適当なタイミング」というのは、必ずしも全ての場所を毎日清掃することではなく、汚れ具合によって、清掃する頻度や時期を決めて清掃するという意味です。

さまざまな汚れ、ホコリ、ゴミを取り除くためには、事務所の隅々まで清掃しないといけません。見えない汚れ、気づかない汚れまで徹底的に清掃すると、次から次へと汚れが気になり始めるでしょう。

## ●清掃で発見力も身につく

5Sの清掃をすると、今まで気づかなかったことに気がつくようになります。また、視野が広がり、注意力も身につくことでしょう。清掃により、さまざまな5Sの不備も発見できるはずです。たとえば、

・不要物
・新しく購入した物の置き場所が決まっていない
・表示どおりに物が置かれていない
・表示をし忘れた場所・箇所
・剥がれかかった表示物
・掲示期限が過ぎた掲示物
・期限が過ぎた一時仮置き物
・守られていない運用ルール
・危険箇所

清掃は5Sの最後の仕上げです。全員で清掃することによって、職場を汚さない、汚したらすぐに拭く、掃くことが当たり前のようにできる、感性豊かな人材が育つようになります。

## 清掃で発見される不備チェックリスト

### 個人机
- ☐ 机の上やパソコンの汚れのひどさ
- ☐ 机の下に落ちたメモやゼムクリップの多さ
- ☐ 混線した配線
- ☐ タコ足配線
- ☐ 処理忘れの仕掛書類の発見
- ☐ 賞味期限切れのお土産

### 共有キャビネット
- ☐ 扉の表示、位置表示の見にくさ
- ☐ 表示の剥がれと内容物の違い
- ☐ 管理責任者の未改訂
- ☐ ファイルを戻す位置間違い
- ☐ 保管期限切れの書類の移管忘れ
- ☐ 背表紙がついていないファイル
- ☐ 参考書類、仕掛書類のチョコ置き

### 会議室
- ☐ 消しゴムカスや紙くずの放置
- ☐ 筆記用具の置き忘れ
- ☐ テーブルの棚に配付資料の置き忘れ
- ☐ 使用できないホワイトボードの放置
- ☐ 定置レイアウトへの変更の手間
- ☐ 会議中のエアコン節電温度設定

### 共有事務用品置き場
- ☐ 発注点管理の運用のまずさ（欠品・過剰在庫）
- ☐ 在庫の種類と量の多さ
- ☐ 設定以外の事務用品の増加
- ☐ 表示の見やすさ、剥がれ

**POINT** ５Ｓの清掃＝気づかない箇所、見えない場所の汚れを適当なタイミングで取り除くことで快適な職場環境を維持すること

# 3　5Sの清掃の目的

## ●たくさんの効果を生み出す5Sの清掃

5Sの清掃の一番の目的は、きれいで快適な職場環境を維持することです。

しかし、それだけではありません。前項で説明した「5Sの不備の発見」「感性豊かな人材づくり」の他にもたくさんのメリットがあります。

### ①仕事の質の向上

広々とした、ホコリがない机の上では、思いきり書類を広げることもでき、処理スピードもアップします。仕事のミスもなくなり、集中力が増して考える時間も増え、モチベーションが上がるはずです。

### ②顧客満足度の向上、クレーム防止

注意力や気配り力が自然と身につくので、お客様へ丁寧に対応できるようになり、お客様の評価も上がります。

### ③安全性の確保

5Sの清掃をしながら、つまずく場所や物が落下しやすい場所など危険な箇所が発見でき、すぐに対応できます。労災防止にも結びつきます。

### ④備品・設備予防保全

ホコリまみれのコピー機、プリンタ、プロジェクタ、スクリーンは、故障が発生しやすくなります。清掃時に点検も行うと、早めに異常が発見できます。最終的には経費削減につながります。

### ⑤徹底したムダの排除

「手持ち基準」や「在庫基準」を決めても、次第に物は増えていきます。ワンロケーション、ワンアクションを推奨しても徹底できていない証拠です。清掃することによってこれらのムダを発見し、改善する機会ができます。

### ⑥意識改革

汚い、ホコリまみれの職場は、社員一人ひとりの意識改革ができていないことの表れです。ゴミが落ちていたら自らも拾う、ゴミを散らかさないように作業をするという習慣が身につき、意識が変わります。

これまでは何気なく清掃していたかもしれませんが、清掃は奥が深いのです。

## 清掃で快適な職場環境をつくろう

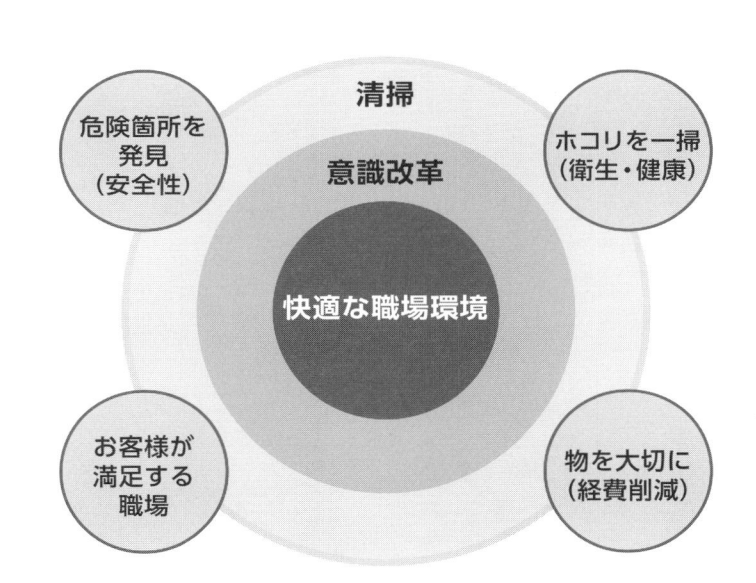

- 危険箇所を発見（安全性）
- 清掃
- 意識改革
- ホコリを一掃（衛生・健康）
- お客様が満足する職場
- 快適な職場環境
- 物を大切に（経費削減）

1. ホコリのない机で仕事に打ち込もう
2. お客様への提出書類は、きれいな手ときれいな作業場で作成しよう
3. ホコリがない伝票や封筒は最後まで使い切りできる
4. 使用後の清掃・点検で備品・設備を長持ちさせよう
5. 物を大切にする職場にしよう
6. ムダ使いをなくそう
7. 安全な職場にし、労災を防止しよう
8. 全員が自主的に意識改革しよう
9. ホコリのない衛生的かつ健康的な職場にしよう

# 4 清掃の推進手順

## ●清掃基準を決めて取り組もう

5Sの清掃は次の手順で進めます。

### 手順① 清掃対象範囲・物の明確化

机の上、電話、パソコン、FAX・コピー機・プリンタ本体やその周辺、シュレッダーやその周辺、応接室のテーブル・椅子、会議室の机・椅子、ホワイトボード、什器、床、廊下……事務所の全ての場所が清掃の対象です。見えない・気づかない箇所も忘れないでください。また、雑巾やほうきなどの清掃用具も清掃対象物です。

### 手順② 清掃方法の明確化

清掃する対象物によって清掃方法や清掃道具が異なりますので、清掃箇所別に清掃方法を決めます。床はほうきで掃いたり、掃除機で吸引します。床面が塩ビ材質であったらモップで水拭きし、時にはワックスをかけます。カーペットであれば、粘着シートモップで取れなかった汚れを拭き取ります。

### 手順③ 清掃分担と清掃頻度の明確化

清掃は全員が分担して行います。個人机は自分が実施しますが、共通の通路、会議室、窓、外回りなども分担して平等に清掃します。公平な清掃をするために輪番制で実施することもあります。

### 手順④ 清掃基準・分担・点検表の作成

どの箇所を、どのような清掃用具を使用して、どのような清掃方法で、いつ、誰が、どこを、どのくらいの時間をかけて清掃するのかを決め、決められた基準（分担）どおりに清掃が実施されているかチェックできる「清掃基準・分担表」（次項）を作成します。

### 手順⑤ 清掃用具の準備と定置化

最適な清掃をするためには、最適な清掃用具が必要でくなることもあります。すぐに清掃できるように清掃用具はワンロケーションで管理し、定置化しましょう。適当な清掃用具を使用すると、かえって汚れがひどくなることもあります。

### 手順⑥ 汚れ防止対策の実施

パンチカスや切断カスなどの汚れが発生しないように対策を取りましょう。「清掃基準」に従って清掃を実施します。

# 清掃の推進手順

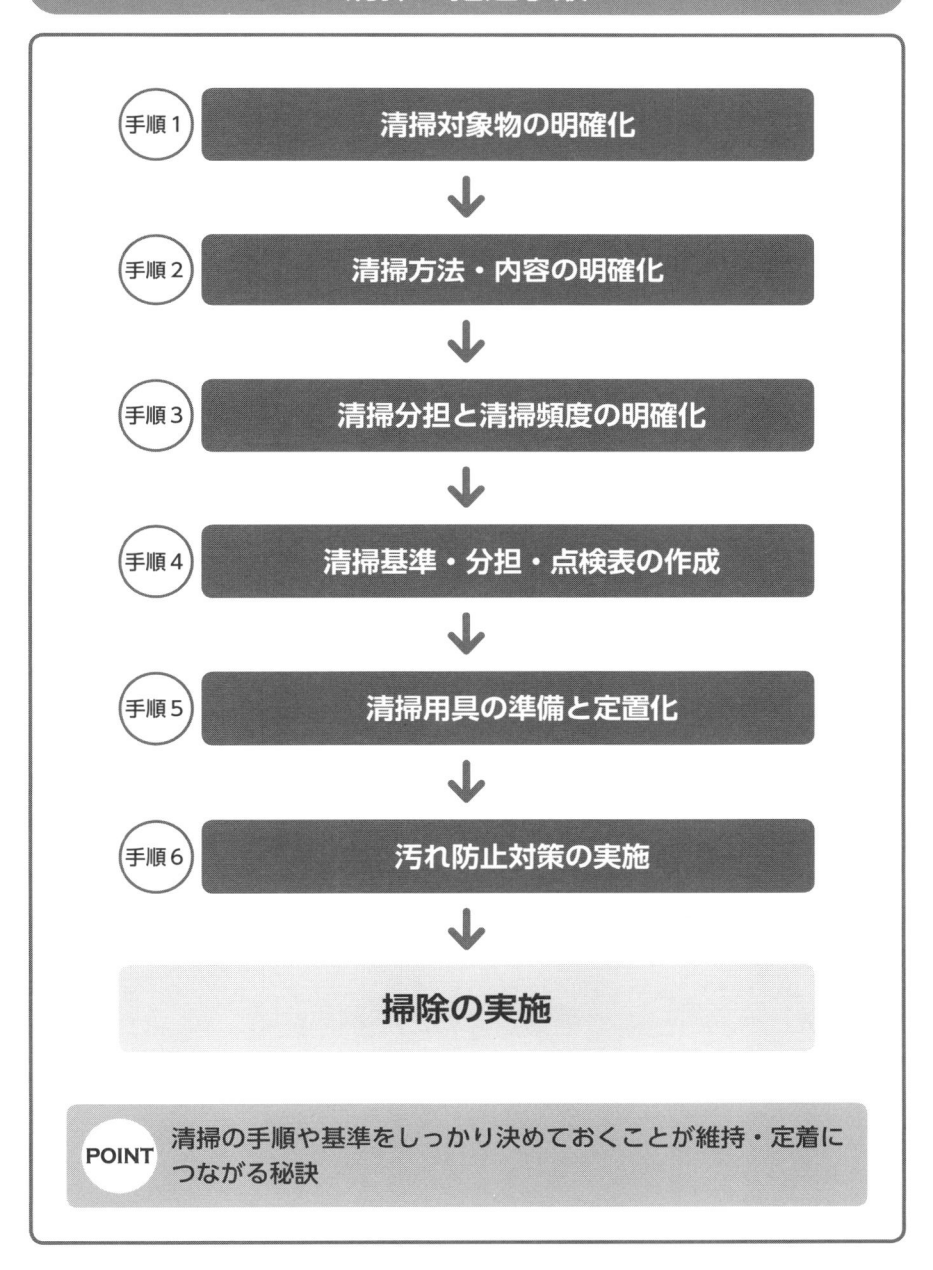

- 手順1 **清掃対象物の明確化**
- 手順2 **清掃方法・内容の明確化**
- 手順3 **清掃分担と清掃頻度の明確化**
- 手順4 **清掃基準・分担・点検表の作成**
- 手順5 **清掃用具の準備と定置化**
- 手順6 **汚れ防止対策の実施**

↓

**掃除の実施**

**POINT** 清掃の手順や基準をしっかり決めておくことが維持・定着につながる秘訣

# 清掃基準・分担表のつくり方

## ●誰もがルールどおりに清掃できるようにしよう

清掃のやり方は人の性格によって異なります。几帳面な性格の人は隅々まで丁寧に清掃しますが、大雑把な性格の人は表面的にしか清掃しません。面倒くさがりやの人は、ほとんど清掃しません。

自宅であればそれでよいかもしれませんが、快適な職場づくりのためには、全員が同一のレベルで決められたルールどおりに清掃しなければなりません。そのためには、清掃基準・分担表を作成しましょう。清掃基準・分担表には、どの箇所を、どのような清掃道具を使用して、どのような清掃方法で、誰が、いつ、どこを、どの位の時間をかけて清掃するのかを具体的に決めて記載します。

清掃基準・分担表作成のポイントを紹介しましょう。

### ①清掃する場所単位で作成

事務所、会議室、応接室、喫煙室、給湯室など場所ごとに作成します。

### ②清掃するタイミングと清掃箇所の明確化

・使用後に清掃する箇所……会議室やワークエリアの机
・毎日清掃する箇所……応接室、受付台、個人机
・毎週清掃する箇所……コピー機
・月に一度清掃する箇所……キャビネット
・半年に一度清掃する箇所……エアコン、書庫、窓ガラス、照明器具、壁

### ③清掃箇所に合った清掃方法と清掃道具を特定

たとえば、パソコンのディスプレイは専用ウェスでホコリと汚れを拭く、汚れがひどいときは専用クリーナーをつけて拭く、キーボードはハンディモップでホコリをはらう……といったように、具体的に清掃箇所と清掃方法と清掃用具を決めることが重要です。

### ④全員清掃と実施場所の特定

個人机は各自で清掃するのが当然です。まだ清掃は女性が担当するものと思っていませんか？　皆で協力し合い、公平に分担して清掃すると、チームワークとコミュニケーションが良好になります。輪番制を採用することもおすすめです。

## 清掃基準・分担表の例

清掃基準・分担表

作成日 _____
作成者 _____

清掃場所：　〇〇事務所

| 頻度 | 清掃場所・対象物 | 清掃方法 | 清掃用具 | ポイント・留意点 | 担当者 | 実施時期 | 所要時間 | 実施時間 |
|---|---|---|---|---|---|---|---|---|
| 毎日 | 個人机の上 | 水拭き掃除 | 雑巾 | ホコリ、消しゴム屑、手垢がないこと | 各自 | 毎日 | 1分 | 始業前 |
| | 個人用パソコン | 拭く | ハンディーモップ | ホコリ、手垢がないこと | 各自 | 毎日 | 1分 | 始業前 |
| | 電話機 | 水拭き掃除 | 雑巾 | ホコリ、汚れがないこと | 各自 | 毎日 | 1分 | 始業前 |
| | 作業台 | 水拭き掃除 | 雑巾 | ホコリ、消しゴム屑、汚れがないこと | 山田 | 毎日 | 1分 | 始業前 |
| | 受付台 | 水拭き掃除 | 雑巾 | ホコリ、消しゴム屑、手垢、汚れがないこと | 斉藤 | 毎日 | 1分 | 始業前 |
| | ゴミ箱 | 容器：水拭き清掃　中：ゴミの処分 | 雑巾 | ホコリ、消しゴム屑、手垢がないこと | 輪番 | 毎日 | 5分 | PM5:00 |
| 毎週 | 床 | 掃き掃除 | 掃除機 | ゴミ、ホコリがないこと | 輪番 | 毎週月曜日 | 5分 | 始業前 |
| | | 拭き掃除 | モップ | 汚れがないこと | 輪番 | 毎週月曜日 | 5分 | 始業前 |
| | 共用パソコン、キーボード | 拭き掃除 | 専用ウェス | ホコリ、手垢がないこと | 全員 | 毎週月曜日 | 2分 | 始業前 |
| | コピー機上部、本体、複写ガラス、排出部分 | 水拭き、乾拭き掃除 | 雑巾及び乾布専用クリーナー | ホコリ、汚れ、手垢がないこと | 輪番 | 毎週月曜日 | 3分 | PM5:00 |
| | FAX機上部、本体、複写ガラス、排出部分 | 水拭き掃除 | 雑巾 | ホコリ、汚れがないこと | 輪番 | 毎週月曜日 | 3分 | PM5:00 |
| 毎月 | キャビネット扉、上部、棚板 | 拭き掃除 | 雑巾 | ホコリ、汚れがないこと | 輪番 | 月末 | 10分 | PM5:00 |
| 半期 | 窓ガラス | 水拭き、乾拭き掃除 | 雑巾及び乾布専用クリーナー | ホコリ、汚れがないこと | 全員 | 夏休み前、年末 | 1時間 | PM4:00 |
| | ブラインド | 水拭き、乾拭き掃除 | 雑巾及び乾布専用クリーナー | ホコリ、汚れがないこと | 全員 | 夏休み前、年末 | 1時間 | PM4:00 |
| | 照明器具 | 水拭き、乾拭き掃除 | 雑巾及び乾布専用クリーナー | ホコリ、汚れがないこと | 全員 | 夏休み前、年末 | 1時間 | PM4:00 |

# 6 清掃用具置き場の設置と5S

## ●清掃用具にもルールを設けよう

5Sの清掃によって快適な職場を維持するためには、必要な清掃道具を準備し、すぐ清掃に取りかかれるように清掃用具置き場の環境を整備することも重要です。

### ①清掃用具と数量の特定

清掃用具には用途別にたくさんの種類があります。

- 掃く……ほうき
- 吸引する……掃除機、コロコロ（クリーナー）
- 拭く……雑巾、ウェス
- 磨く……洗剤、ワックス、モップ
- 掃う……はたき、ハンディモップ
- 取り除く……刷毛

清掃用具は、清掃箇所に合ったものを準備しましょう。また、清掃箇所を一度に何人で清掃するのかによって必要な数量を配置します。誰かが手持ちぶさたになったりしないようにするための防止策です。

### ②清掃道具置き場は見える管理に変身

清掃道具は事務所の片隅のロッカーに放り込まれる傾向があり、清掃用具は乱雑に置かれています。ロッカーは、思いきって扉を取り外しましょう。清掃用具が取り出しやすくなり、清掃道具置き場はいつも整理・整頓されるようになります。

### ③清掃道具を戻すための表示

清掃道具も整頓する物の一つです。事前に清掃場所や清掃方法を確認する習慣がつきます。清掃漏れがなくなり、行き届いた清掃ができます。チョコ置きやっ置きっ放しということがなくなります。清掃道具置き場に清掃基準・分担表を貼ります。ロッカーの上部には、置き場表示と管理責任者の表示、ほうきやモップなどの清掃用具には番号表示、置く場所には位置表示、清掃場所の表示などを徹底しましょう。

### ④清掃の最後は清掃道具の清掃

清掃が終わって清掃道具を置き場に戻す前に清掃道具を確認しましょう。雑巾は汚れていませんか？ほうきには髪の毛や綿ボコリがついていませんか？掃除機のゴミは一杯になっていませんか？掃除道具を清掃して、はじめて清掃完了と言えるのです。

## 必要な清掃道具の準備

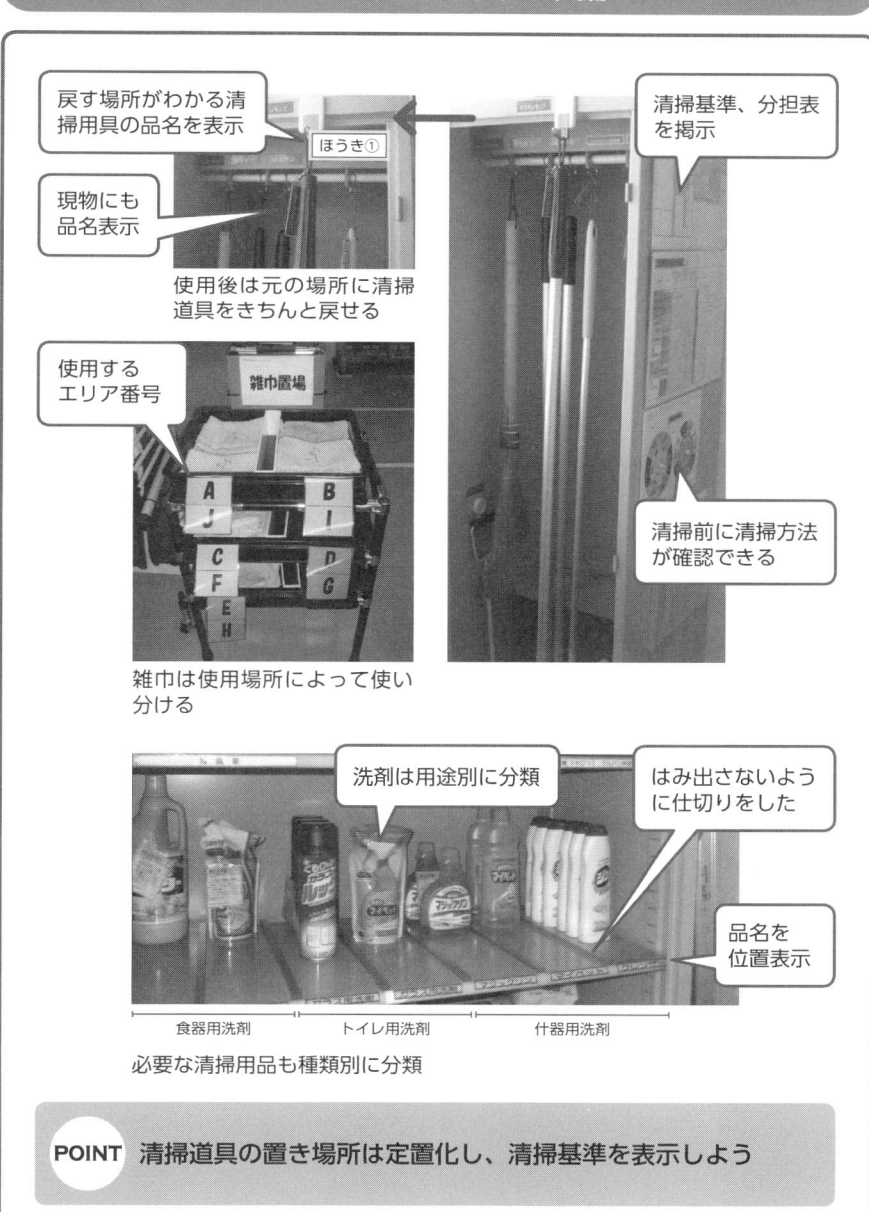

- 戻す場所がわかる清掃用具の品名を表示
- 現物にも品名表示
- 使用後は元の場所に清掃道具をきちんと戻せる
- 清掃基準、分担表を掲示
- 使用するエリア番号
- 清掃前に清掃方法が確認できる

雑巾は使用場所によって使い分ける

- 洗剤は用途別に分類
- はみ出さないように仕切りをした
- 品名を位置表示

食器用洗剤 / トイレ用洗剤 / 什器用洗剤

必要な清掃用品も種類別に分類

**POINT** 清掃道具の置き場所は定置化し、清掃基準を表示しよう

# 毎日清掃と定期清掃

## ●清掃には種類がある

いつ、どこを清掃するかは清掃基準・分担表で明確になりました。次に、具体的な清掃のやり方を紹介します。

### ①毎日清掃

毎日清掃は、業務の一環として、短時間で清掃することで長続きします。

- 清掃箇所は机の上、パソコン、電話、低層キャビネットの上、受付カウンター、応接室のテーブル・椅子など
- 清掃のタイミングは始業前もしくは終業前の3分清掃
- 清掃担当者は全員で分担

### ②随時清掃

作業が終了した後や、使用した後には必ずゴミや汚れが発生します。随時清掃とは、使用者自らが清掃して片づけ完了とすることです。次に使う人への思いやりです。

- 作業終了後の物の片づけ、ゴミ捨て、拭き掃除
- 飲食後のテーブルの拭き掃除

### ③週一清掃

毎日清掃するには業務に支障が出てしまうが、ホコリやゴミが気になるという箇所は、週1回清掃しましょう。

- 清掃箇所はコピー機、プリンター、パンチ、ゴミ箱
- 清掃のタイミングは、週末に輪番制で15分清掃
- 会議後のホワイトボード、机の消しカス、紙くず清掃
- シュレッダー裁断屑の清掃

### ④月一清掃

月一清掃は、汚れがひどくならないうちに清掃することによって、什器や備品を長持ちさせる目的で行います。

- 清掃箇所はキャビネット（側面、扉、棚板）、ドア、壁、表示物の整理、会議室の机、椅子など
- 清掃のタイミングは、月末に全員で一斉清掃
- 清掃時間は30分清掃

### ⑤全社一斉清掃

会社が長期休暇に入るゴールデンウィーク前、夏休み前、年末年始休暇前に手が届かなかった場所、箇所を含め全ての場所・箇所・物を、全員で2〜4時間かけて清掃し、事務所をピカピカにしましょう。皆で助け合い、良い汗をかくと連帯感がわきますよ。

## 全員で徹底的に清掃しよう（月一清掃）

入口のガラス扉の手垢の汚れを取っている

専務も雑巾を持って一緒に清掃。キャビネットの棚板は意外と汚れている

ゴミ箱の汚れも徹底的に拭き取ろう

**POINT** 月一清掃は①什器や備品を中心に、②月末に全員で一斉に、③30分間を目安に行おう

# 8 汚れ発生防止策

## ●汚れない環境をつくってしまおう

定期的に自発的に清掃をすることは、とても重要なことです。しかし、できるだけ清掃する時間を短縮し、業務に支障をきたさないようにしたいものです。毎日清掃を週一清掃か、月一清掃にしても影響が出ないようにするには、汚れない職場環境にすることが重要です。

まず、汚れ発生箇所をチェックしましょう。シュレッダーの周りには切断カスが散らばっていませんか？ 大型パンチの周辺にパンチカスが残っていませんか？ ホワイトボードのマーカーペンは消しカスだらけではありませんか？ その都度清掃をしなくてもよいように、汚れ発生源対策に取り組みましょう。

### 対策① シュレッダー周り飛散対策

シュレッダー周りの切断カスは、一度に大量の書類を切断する場合と、ゴミが満杯になったときに袋を交換する際に飛散する場合に発生します。

対策として、シュレッダーの前に一度に切断できる枚数や量のイメージがわかる運用ルールを掲示することと、近くにコロコロ（クリーナー）を置いてすぐに掃除できる環境にします。

### 対策② 大型パンチ対策

大型パンチの底のパンチカス容器はすぐにいっぱいになってしまい、カスがはみ出てきてしまいます。また、移動中にパンチした書類から残ったカスが落ちたりして床がカスだらけになったりします。

大型パンチは、一回り大きな箱の中に入れると、はみ出したカスが飛散しません。そして、パンチの前に「パンチカスがついています。書類をトントンしてください」などと注意を喚起するルールを表示しましょう。

### 対策③ ホワイトボードマーカー対策

一般的には、ホワイトボードマーカーは受け皿に置いてあります。イレーザーでボードを消すと、消しカスがマーカーに必ず付着してしまいます。マーカーを使用した手で他の物や場所を触ると汚れが拡散してしまうことがあります。このような場合、マーカーは受け皿に置くのではなく、ボードの横にマーカー置き場を設置すると、消しカスが付着しないように対策ができます。

## 汚れ発生源対策の例

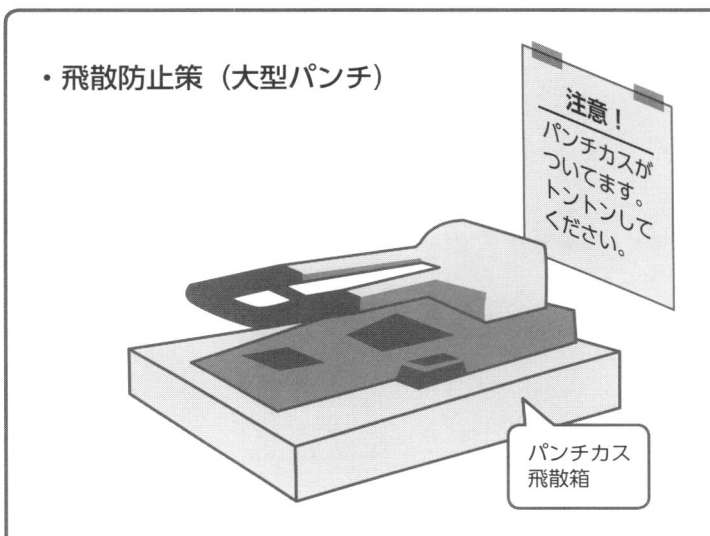

・飛散防止策（大型パンチ）

注意！
パンチカスが
ついてます。
トントンして
ください。

パンチカス
飛散箱

・マーカー置き場

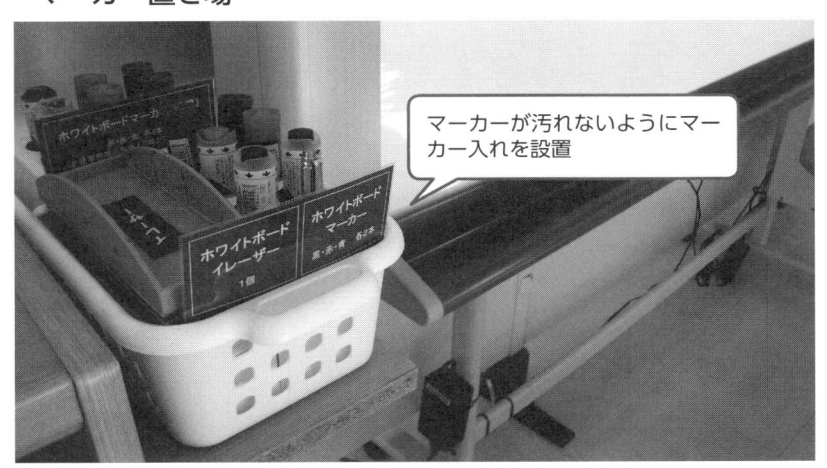

マーカーが汚れないようにマーカー入れを設置

**POINT** 汚れ発生源対策で「汚れない」職場環境にすることがポイント

# 9 清掃点検のやり方

## ●点検は改善のチャンス

5Sをスタートした当初は、人によって清掃のレベルはまちまちです。「清掃終了」と言いながら、汚れが落ちていない箇所があったり、ゴミが落ちていたりすることも多々あります。

清掃した後は、必ず点検をし、清掃のし忘れや清掃のやり方が不十分な箇所を皆で注意し合って、全員が同じレベルの清掃ができるようにしましょう。清掃点検は、5Sの「しつけ」の一つです。

以下に、いつ、誰が、どこを、どのように、点検したらよいか、点検のポイントを説明します。

### ①点検頻度

週一清掃、月一清掃、全社一斉清掃の後に点検すると、職場の全体の清掃状況を確認できます。

### ②点検担当者

点検担当者は、5S職場推進リーダーが適任です。清掃不足や不備があった場合、その事実を清掃担当者に言いにくいものですが、推進リーダーは5Sの推進責任者ですから、きちんと伝えましょう。

### ③点検箇所と点検評価

清掃基準表で決められた箇所が決められたルールどおりに清掃されているか、きれいに清掃されているかをチェックし、◎、○、△、×で評価します。◎は「大変良くできています」、○は「良くできています」、△は「手直ししてください」、×は「清掃漏れあり。もう一度清掃し直してください」です。

### ④点検のフォローアップ

点検で△と×だった場合は、清掃担当者にどこが不十分であったのか、どのように清掃したらよいかを伝えてください。再清掃後にも、再度チェックをします。◎の場合は、清掃担当者は笑顔で評価しましょう。

また、点検中に5Sの不備を発見することがあります。管理責任者に不備箇所を説明し、改善してもらうようお願いしましょう。次の点検時に改善箇所もあわせてチェックします。

120

# 6章 清掃は5Sの最後の仕上げ

## 清掃点検基準表の例

作成日＿＿＿＿＿＿
作成者＿＿＿＿＿＿

### 清掃基準・分担・点検表

清掃場所： ○○事務所

評価：◎＝大変良い　○＝良い　△＝やや不足　×＝不足、再清掃

| 頻度 | 清掃場所・対象物 | 清掃方法 | 清掃用具 | ポイント／留意点 | 担当者 | | | | | 実施時期 | 実施時間 | 所要時間 | 清掃点検表 点検月日（毎週月曜日、月末） | | |
|---|---|---|---|---|---|---|---|---|---|---|---|---|---|---|---|
| | | | | | 山田 | 鈴木 | 斉藤 | 井上 | 佐藤 | | | | 9/1 | | |
| 毎日 | 個人机の上 | 水拭き掃除 | 雑巾 | ホコリ、消しゴム屑、手垢がないこと | ○ | ○ | ○ | ○ | ○ | 毎日 | 始業前 | 1分 | ◎ | | |
| | 電話機 | 水拭き掃除 | 雑巾 | ホコリ、汚れがないこと | ○ | ○ | ○ | ○ | ○ | 毎日 | 始業前 | 1分 | ◎ | | |
| | 作業台 | 水拭き掃除 | 雑巾 | ホコリ、消しゴム屑、汚れがないこと | | | | | | 毎日 | 始業前 | 1分 | ◎ | | |
| | 受付台 | 水拭き掃除 | 雑巾 | ホコリ、消しゴム屑、手垢、汚れがないこと | | | ○ | | | 毎日 | 始業前 | 1分 | ◎ | | |
| | ゴミ箱 | 容器：水拭き清掃 中：ゴミの処分 | 雑巾 | ホコリ、消しゴム屑、手垢がないこと | 月 | 火 | 水 | 木 | 金 | 毎日 | PM 5:00 | 5分 | ◎ | | |
| 毎週 | 床 | 掃き掃除 | 掃除機 | ゴミ、ホコリがないこと | | | ○ | | | 毎週月曜日 | 始業前 | 5分 | ◎ | | |
| | | 拭き掃除 | モップ | 汚れがないこと | ○ | | | ○ | | 毎週月曜日 | 始業前 | 5分 | ◎ | | |
| | 個人用パソコン、キーボード | 拭き掃除 | 専用ウェス | ホコリ、手垢がないこと | ○ | ○ | ○ | ○ | ○ | 毎週月曜日 | 始業前 | 2分 | ◎ | | |
| | 専用パソコン、キーボード | 拭き掃除 | 専用ウェス | ホコリ、手垢がないこと | | | ○ | | | 毎週月曜日 | 始業前 | 3分 | ◎ | | |
| 毎月 | キャビネット扉、上部、棚板 | 拭き掃除 | 雑巾 | ホコリ、汚れがないこと | | | ○ | ○ | | 月末 | PM 5:00 | 10分 | － | | |
| | コピー機上部、本体、複写ガラス | 水拭き、乾拭き掃除 | 雑巾及び乾布、専用クリーナー | ホコリ、汚れ、手垢がないこと | | ○ | | | | 月末 | PM 5:00 | 3分 | | | |
| | FAX | 水拭き掃除 | 雑巾 | ホコリ、汚れがないこと | ○ | | | | | 月末 | PM 5:00 | 3分 | | | |
| 半期 | 窓ガラス | 水拭き、乾拭き掃除 | 雑巾及び乾布、専用クリーナー | ホコリ、汚れがないこと | | | | ○ | ○ | 夏休み前、年末 | PM 4:00 | 1時間 | | | |
| | ブラインド | 水拭き、乾拭き掃除 | 雑巾及び乾布、専用クリーナー | ホコリ、汚れがないこと | | | ○ | ○ | | 夏休み前、年末 | PM 4:00 | 1時間 | | | |
| | 照明器具 | 水拭き、乾拭き掃除 | 雑巾及び乾布、専用クリーナー | ホコリ、汚れがないこと | ○ | | | | | 夏休み前、年末 | PM 4:00 | 1時間 | | | |

3カ月ごとに幹部自らが5Sが表示漏れがないか、表示どおりに戻されているか、ルールが守られているかを点検する

COLUMN 6

## 清掃を習慣化するポイント

　清掃は、５Ｓの最後の仕上げです。見える場所・箇所だけではなく、見えない場所、気づかない箇所まで徹底した清掃を習慣化させることが大事です。
　習慣になるまでは、責任者による清掃点検を毎週実施し、清掃の実施率とレベルを上げるようにしましょう。

---

POINT

①全員で清掃の目的をよく理解しよう

②自分の業務の一環として清掃を実施することが当たり前と思う風土にしよう

③清掃タイムを設け、管理職も一緒になって全員で清掃できるしくみをつくろう

④必要な清掃用具はすぐに使える状態で管理しよう

⑤定期的にルール（清掃基準・分担・点検項目）を見直そう

⑥汚れの発生源対策（シュレッダーカス、パンチカス、ホコリ）を実施しよう

⑦見えないところ、気がつかない箇所まで徹底的に清掃しよう

⑧机の上、床の上、什器をピカピカにしよう

⑨一人ひとりが汚さない、汚したらすぐ清掃する習慣を身につけよう

⑩汚れ、ゴミに気づいたらすぐに拭く、拾うことが当たり前になろう

⑪清掃点検を、５Ｓの不備発見と改善の機会として有効活用しよう

# 7章 ファイリングで業務効率アップ

# ファイリングシステムとは?

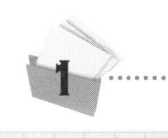

## ●ファイリングとファイリングシステムは違う

ファイリングシステムとは、書類の整頓のことですが、事務所の5Sの最重要課題です。

「ファイリング」と「ファイリングシステム」が違うのはご存じでしょうか?

ファイリングとは、「書類を保管する目的でファイルに綴じる」ことです。ファイリングシステムとは、「仕事に必要で入手した書類を活用したり、あるいは仕事の結果として作成した書類を処理したりするために、分類から整理、保管、保存、廃棄までを体系的にシステム化した書類の管理体系」のことです。

つまり、書類を有効利用できるように、業務を体系化して管理する方法であり、書類ではなく、仕事(業務)を基準としたファイリングのしくみを確立するということです。

## ●業務の見える化を実現しよう

事務所や書庫で保管・保存している書類は、仕事を進める上での重要なノウハウが盛り込まれている貴重な書類です。書類を有効活用するためには、どのような業務で必要な書類であるのかを業務に関連づけ、探しやすいように管理をすることが必要です。

ファイリングシステムを構築すると、「業務の見える化・流れ化」が実現できます。事務所のキャビネットに保管されているファイルの背表紙を見れば、誰もがその部門の業務内容が一目でわかるようになります。また、ファイルの背表紙の並び方を見るだけで、誰もが業務の流れがわかるようになります。

ファイリングシステムが完成すると、

① 書類を探す時間の削減(タイムセービング)
② スペースの有効活用(スペースセービング)
③ 情報の共有化やノウハウの伝承
④ 業務の効率化
⑤ 事務所の環境整備

を実現することができます。めざすのは、30秒で書類が探せる職場づくりです。

## ファイリングシステムが完成した職場

① 業務機能ごとにカラー識別されているので、業務単位で保管できる

ファイル背表紙 大分類配色　　2009.09.18 清水/

| 大分類機能 | 識別色 | 識別色 |
|---|---|---|
| 経営 | 経　営 | 薄い緑 |
| 営業 | 営　業 | 濃い青 |
| 製品技術 | 製品技術 | 水色 |
| システム | システム | 赤 |
| 生産 | 生　産 | 薄いピンク |
| 人事 | 人　事 | オレンジ |
| 総務 | 総　務 | 黄色 |

② キャビネットのロケーションマップで必要な書類がどこにあるか、すぐ見つかる

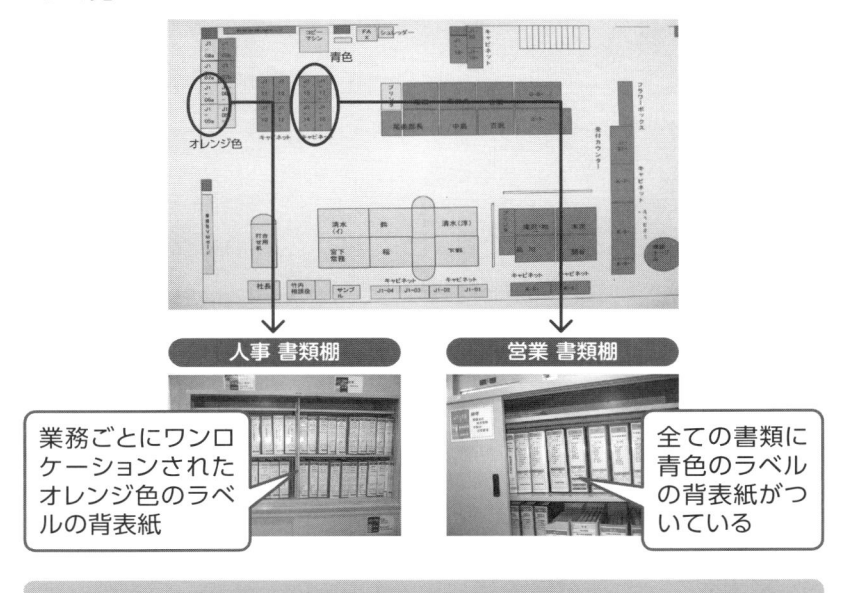

人事 書類棚：業務ごとにワンロケーションされたオレンジ色のラベルの背表紙

営業 書類棚：全ての書類に青色のラベルの背表紙がついている

**POINT** 30秒で書類が探せる職場をめざそう！

# 2 ファイリングの問題点

## ●ファイルが満杯のキャビネットの問題点

多くの会社の事務所のキャビネットは、横積み、平積みされた膨大なファイルで満杯状態ではありませんか？　また、担当者の机の上や引き出しの中、足元には、キャビネットに入りきらない書類や重複して保有する書類が散乱していませんか？

このような事務所は、次のようなムダや問題点が恒常的に発生していると言えます。

① 書類探しのムダ

どのキャビネットにどのような書類が保管されているのかわからなかったり、ファイルの背表紙が未記入であったり、記入されていても曖昧な表示で書類が適当にファイルに綴じられているために、必要なときに探し出せなかったことはありませんか？

② コピーのムダ、ファイルのムダ

必要な書類がすぐに探し出せないため、自分用にコピーし、個々で保管しがちです。同じ書類をあの人もこの人も持っていて、引き出しの中は溢れかえっています。

③ 保管スペースのムダ

保管期間や保存期間が曖昧で、廃棄してもよいのかどうか判断がつかないためキャビネットに入れっぱなしの状態になっています。

④ 個人持ちによる業務停滞

書類が個人持ちのため、担当者が不在のときは、他の人たちがその書類を見つけることもできず、業務が停滞してしまい、顧客や関係部署に迷惑をかけていませんか？

## ●ファイリングもルール化が大事

多くの会社では、担当者任せのファイリングを行っているため、担当者によってファイルに収納する方法が異なっていたり、背表紙の表記も代表した書類名であったり、関連業務名や製品名であったりとさまざまです。担当者が変われば、ファイリングの方法も変わるため、同じ種類の書類でも探すのに苦労していませんか？　また、保管する場所もルールが曖昧で、使用する度に保管場所が変わり、探すのに時間がかかっていたのではないでしょうか？

126

## ファイリングの問題点が発生している職場

書類が個人持ちで次の仕事のチェックができない

背表紙の記入方法がバラバラで探せない

勝手にいろいろな書類を入れられてしまう

いろいろな書類のファイルが混在している

**POINT** ファイリングに問題がある事務所には多くのムダが発生している！

# 3 ファイリングシステムの構築手順

● ファイリングシステム7つのステップ

ファイリングシステムは、次の手順で構築します。

**手順①　書類の棚卸しと書類整理**

書類の棚卸し、書類の整理からスタートです。3章4項で書類の整理のやり方は紹介しました。書類の棚卸しや整理が不十分だったら、見直して完成させましょう。

**手順②　業務の棚卸しと業務分類表の作成**

各部門の業務を棚卸しして、その業務を行うときに必要な書類を体系化した「業務分類表」を作成します。業務分類表は、仕事の見える化です。

**手順③　ファイル体系表の作成**

業務分類表で抽出した業務と書類を、業務別・物件別に区分けした「ファイル体系表」をつくります。ファイル体系表は、仕事のやり方の見える化です。

**手順④　保管場所の設定**

業務の流れがわかるように、保管場所を見直します。

**手順⑤　ファイル基準表の作成**

1冊のファイルに収納する基準を決めます。「ファイル基準表」は、ファイルの背表紙作成の準備作業です。

**手順⑥　背表紙と中仕切りの作成**

保管から廃棄まで、ワンシステムで書類の移管ができる背表紙と中仕切りを作成します。

**手順⑦　書類の移管**

保管期限切れの書類は、保存場所または廃棄へ移管します。

● ファイリングシステムは業務を見直すチャンス

多くの人は、手順6の背表紙と中仕切りの作成が一番大変と思われていると思います。しかし、一番難しく、時間がかかるのが手順1の書類の棚卸しと、手順2の業務分類表の作成です。自部門の業務を抽出するのは意外と難しい作業です。

業務分類表はファイル体系表、ファイル基準表のベースになります。業務分類表がいい加減であれば、ファイリングシステムもいい加減になってしまいます。ファイリングシステムは少し大変かもしれませんが、自部門の業務を見直すよい機会です。

7章　ファイリングで業務効率アップ

## ファイリングシステム構築の手順

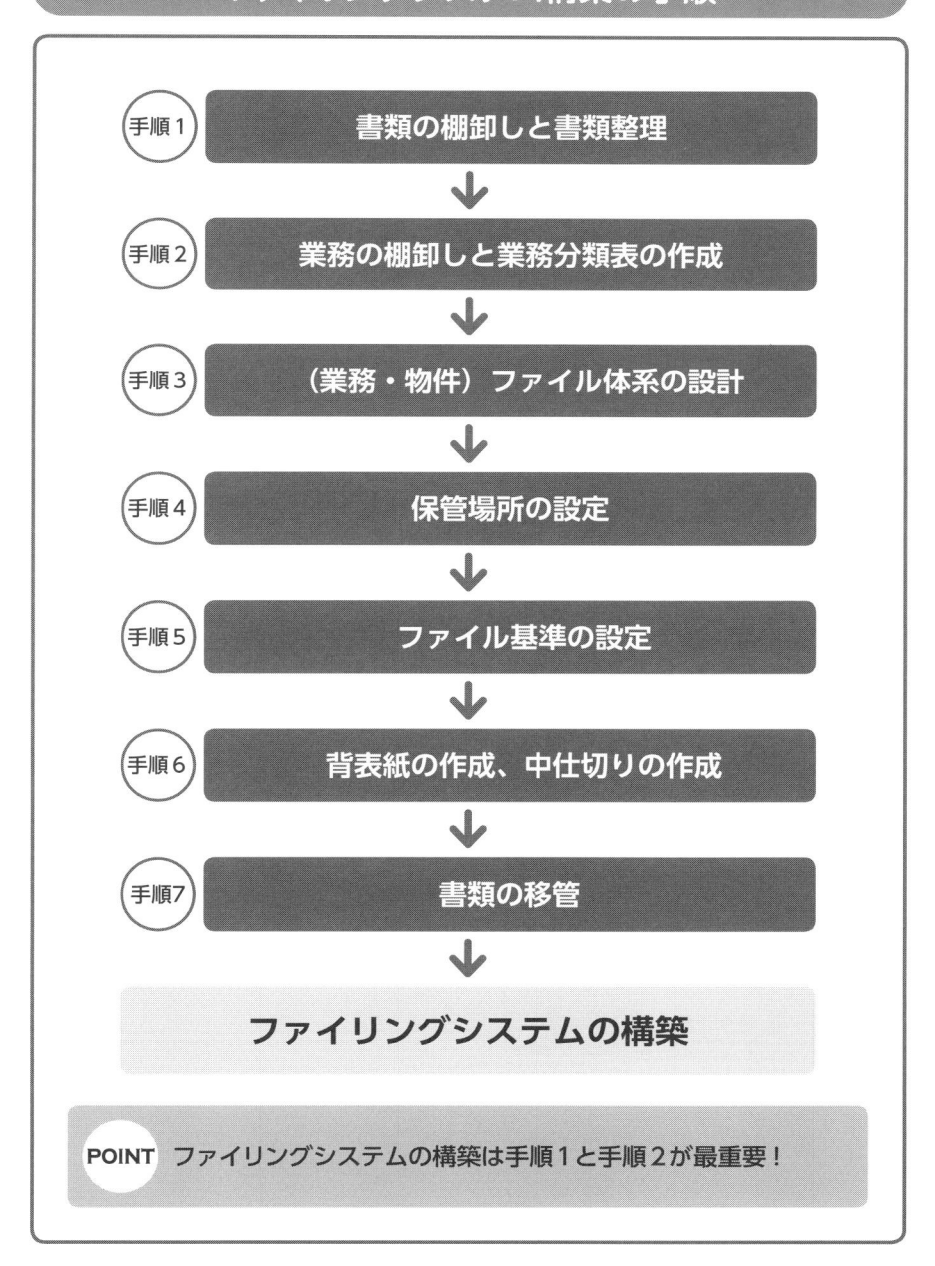

- **手順1** 書類の棚卸しと書類整理
- **手順2** 業務の棚卸しと業務分類表の作成
- **手順3** （業務・物件）ファイル体系の設計
- **手順4** 保管場所の設定
- **手順5** ファイル基準の設定
- **手順6** 背表紙の作成、中仕切りの作成
- **手順7** 書類の移管

↓

**ファイリングシステムの構築**

**POINT** ファイリングシステムの構築は手順1と手順2が最重要！

# 業務分類表で仕事の見える化を実現

## ●業務の棚卸しをして体系化していく

業務を基準としたファイリングシステムを確立するためには、会社や部門の業務を棚卸しして、担当者にしかわからない業務なども明確にする必要があります。

業務の棚卸しをしたら、その業務を行うときに、どのような書類を入手・作成するのか、業務機能（大分類・中分類）と書類（小分類）を体系化します。それが「業務分類表」です。

業務分類表は仕事の見える化です。業務分類表は、次のように業務の見直し、改善を図ることができます。

① 担当者任せの業務内容が明確になる
② 仕事の担当領域、仕事量が明確になる
③ 現在、作成・保管されている書類がどの業務に必要な書類であるのかを再認識できる
④ 自部門の役割使命が明確になり、役割使命が果たされているか書類で検証することができる
⑤ 重複仕事やムダな業務、ムダな書類作成が発見でき、業務改善を進めることができる

## ●業務分類表の作成方法

業務分類表を作成するポイントは次の4つです。

① 部門もしくは課単位で業務分類表を作成する
② 業務機能は、部長、課長、推進リーダー、ベテランの人が相談しながら棚卸しし、書類の割付けは各業務担当全員で行う
③ 業務機能を棚卸しする際には、職務分掌、職務分担表、業務フロー、プロセス体系図などを参考にする
④ 割付ける書類は、整理時に作成した書類の所定廃棄基準を参考にする

業務分類表の作成手順は、全社共通業務（方針管理、予実績、教育、環境、庶務的業務など）と各部門の主要業務を大分類機能として抽出します。

次に、大分類機能として抽出した管理業務について具体的に実施する業務に細分化し、これを中分類機能とします。大分類機能、中分類機能で各部門の業務を明確にした後に、これらの業務を遂行するために入手した書類、作成、保管されている書類を小分類として中分類機能に割付ければ、業務分類表は完成です。

# 業務分類表の例

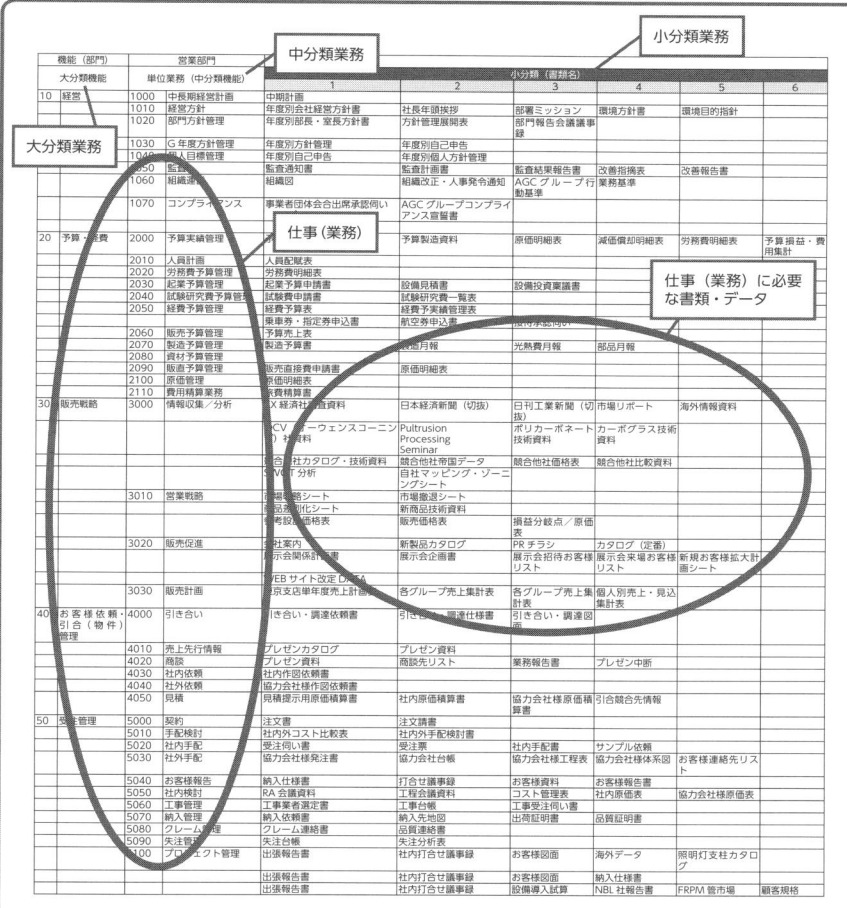

※ 図中の注記:
- 大分類業務
- 中分類業務
- 小分類業務
- 仕事（業務）
- 仕事（業務）に必要な書類・データ

| 機能（部門）大分類機能 | | 営業部門 単位業務（中分類機能） | | 小分類（書類名） | | | | | |
|---|---|---|---|---|---|---|---|---|---|
| | | | | 1 | 2 | 3 | 4 | 5 | 6 |
| 10 | 経営 | 1000 | 中期経営計画 | 中期計画 | | | | | |
| | | 1010 | 経営方針 | 年度別会社経営方針書 | 社長年頭挨拶 | 部署ミッション | 環境方針書 | 環境目的指針 | |
| | | 1020 | 部門方針管理 | 年度別部長・室長方針書 | 方針管理履展開表 | 部門報告会議資料 | | | |
| | | 1030 | G年度方針管理 | 年度別方針管理 | 年度別自己申告 | | | | |
| | | 1040 | 個人目標管理 | 年度別自己申告 | 年度別個人方針書 | | | | |
| | | 1050 | 監査 | 監査通知文 | 監査計画書 | 監査結果報告書 | 改善指摘表 | 改善報告書 | |
| | | 1060 | 組織運営 | 組織図 | | 組織改正・人事発令通知 | AGCグループ行動基準 | 業務基準 | |
| | | 1070 | コンプライアンス | 事業者団体会合出席承認伺い | AGCグループコンプライアンス宣誓書 | | | | |
| 20 | 予算・経費 | 2000 | 予算実績管理 | | | 予算製造資料 | 原価明細書 | 減価償却明細表 | 労務費明細表 | 予算損益・費用集計 |
| | | 2010 | 人員計画 | 人員配賦表 | | | | | |
| | | 2020 | 労務費予算管理 | 労務費明細表 | | | | | |
| | | 2030 | 起業予算管理 | 起業予算申請書 | 設備見積書 | 設備投資案議書 | | | |
| | | 2040 | 試験研究費予算管理 | 試験研究費申請書 | 試験研究費一覧表 | | | | |
| | | 2050 | 経費予算管理 | 経費予算書 | 航空券申込書 | | | | |
| | | | | 乗車券・指定券申込書 | | | | | |
| | | 2060 | 販売予算管理 | 予算売上表 | | | | | |
| | | 2070 | 製造予算管理 | 製造予算書 | 生産月報 | 光熱費月報 | 部品月報 | | |
| | | 2080 | 資材予算管理 | | | | | | |
| | | 2090 | 販売予算管理 | 販売直接費申請書 | 原価明細表 | | | | |
| | | 2100 | 原価管理 | | | | | | |
| | | 2110 | 費用精算業務 | 費用精算書 | | | | | |
| 30 | 販売戦略 | 3000 | 情報収集／分析 | X経済社調査資料 | 日本経済新聞（切抜） | 日刊工業新聞（切抜） | 市場リポート | 海外情報資料 | |
| | | | | CV、シーウェンスコーニング社資料 | Pultrusion Processing Seminar | ポリカーボネート技術資料 | カーボグラス技術資料 | | |
| | | | | 総合他社カタログ・技術資料 | 競合他社価格表 | 競合他社比較資料 | | | |
| | | | | SWOT分析 | 自社マッピング・ゾーニングシート | | | | |
| | | 3010 | 営業戦略 | 市場分析シート | 市場撤退シート | | | | |
| | | | | 商品差別化シート | 新商品技術資料 | | | | |
| | | | | 参考設備価格表 | 販売価格表 | 損益分岐点／原価表 | | | |
| | | 3020 | 販売促進 | 会社案内 | 新製品カタログ | PRチラシ | カタログ（定番） | | |
| | | | | 展示会関係綴り | 展示会企画書 | 展示会招待お客様リスト | 展示会来場お客様リスト | 新規お客様拡大計画シート | |
| | | | | WEBサイト改定データ | | | | | |
| | | 3030 | 販売計画 | 京支店単年度売上集計表 | 各グループ売上集計表 | 各グループ売上・見込計表 | 個人別売上・見込集計表 | | |
| 40 | お客様依頼・引合（物件）管理 | 4000 | 引き合い | 引き合い依頼書 | 引き合い・調達依頼書 | 引き合い調達仕様書 | 引き合い・調達図 | | |
| | | 4010 | 売上先行情報 | プレゼンカタログ | プレゼン資料 | | | | |
| | | 4020 | 商談 | プレゼン資料 | 商談先リスト | 業務報告書 | プレゼン中断 | | |
| | | 4030 | 社内依頼 | 社内作図依頼書 | | | | | |
| | | 4040 | 社外依頼 | 協力会社様作図依頼書 | | | | | |
| | | 4050 | 見積 | 見積提示用原価計算書 | 社内原価計算書 | 協力会社様原価計算書 | 引合競合他社情報 | | |
| 50 | 受注管理 | 5000 | 契約 | 注文書 | 注文請書 | | | | |
| | | 5010 | 手配検討 | 社内外コスト比較表 | 社内外手配検討書 | | | | |
| | | 5020 | 受注手配 | 受注伺い書 | 受注票 | | | | |
| | | 5030 | 社外手配 | 協力会社様発注書 | 協力会社様台帳 | 社内手配書 | 協力会社様工程表 | サンプル依頼 | お客様連絡先リスト |
| | | 5040 | お客様報告 | 納入仕様書 | 打合せ議事録 | お客様資料 | お客様報告書 | | |
| | | 5050 | 社内検討 | RA会議資料 | 工程会議資料 | コスト受注資料 | 社内原価表 | 協力会社様原価表 | |
| | | 5060 | 工事管理 | 工事業者選定書 | 工事帳 | 工事受注伺い書 | | | |
| | | 5070 | 納入管理 | 納入依頼書 | 納入先地図 | 出荷証明書 | 品質証明書 | | |
| | | 5080 | クレーム管理 | クレーム連絡書 | 品質連絡書 | | | | |
| | | 5090 | 失注管理 | 失注台帳 | 失注分析表 | | | | |
| | | 5100 | プロジェクト管理 | 出張報告書 | 社内打合せ議事録 | お客様図面 | 海外データ | 照明灯支柱カタログ | |
| | | | | 出張報告書 | 社内打合せ議事録 | お客様図面 | 納入仕様書 | | |
| | | | | 出張報告書 | 社内打合せ議事録 | 設備導入試算 | NBL社報告書 | FRPM管市場 | 顧客規格 |

（提供：AGCマテックス㈱）

## 業務分類表作成のポイント

①ファイリングと切り離して業務の棚卸しを行う
②全社共通業務と各部門の主要業務の全てを大分類、中分類として棚卸しする
③課単位で作成した業務分類表は最終的には部でまとめると部全体の業務が見える
④業務分類表の大分類、中分類の業務は、仕事（業務）のプロセス順に並べる
⑤業務で必要としている書類（入手・作成）とデータは全て小分類として割付ける
⑥小分類は書類名。年度、製品名、顧客名など固有情報は不要
⑦業務分類表はExcelで作成すると展開しやすい

# 業務ファイルと物件ファイル

●ファイル体系表には2種類ある

業務分類表の大分類、中分類の業務は、2つのやり方で行っています。たとえば、方針管理、予算・実績管理、人事・労務管理、経理、発注管理、在庫管理、品質管理、納期管理などの業務は、毎日、毎月、毎年の繰り返し業務単位で業務を行っています。

一方、顧客ごとの新規受注管理、新規事業企画、製品毎の設計・開発、設備の設計・導入管理、新製品の立上げ管理などは、ある目的を達成するために個別に一定の期間内に完遂する業務を行っています。

業務単位で処理する業務に必要な書類の体系が「業務ファイル体系」です。ある目的のために個別単位に進める業務に必要な書類の体系が「物件ファイル体系」です。

つまり、業務ファイルとは、業務プロセスに従って発生・作成した書類を綴じたファイルです。物件ファイルとは、個別の物件（製品、得意先、設備、プロジェクト）ごとに必要な関連書類を綴じたファイルです。物件ファイルに該当する業務がない部門の場合は、「業務分類表＝業務ファイル体系表」です。ファイリングシステムの構築手順3は省略します。

●ファイル体系表の作成のポイント

ファイル体系表の具体的な作成方法を紹介します。

①業務分類表を、業務ファイルと物件ファイルに区分けします。

②業務分類表（エクセルで作成）のシートを2つのシートにコピーし、1つのシートを物件ファイル体系表とタイトルを修正しましょう。業務ファイル体系表は、物件ファイルに該当する大分類、中分類、小分類を削除します。物件ファイル体系表では、業務ファイルに該当する大分類、中分類、小分類を削除します。

③物件ファイル体系表は、管理する物件基準が必要です。まず、大分類の前に列を挿入します。挿入する列数は、物件をどこまで分類しながら管理するかによって異なります。たとえば、製品別→顧客別で管理する場合は2例挿入です。物件基準は個別の物件名ではなく管理する単位です。物件基準を記入したら、完成です。

# 業務ファイル体系表と物件ファイル体系表の例

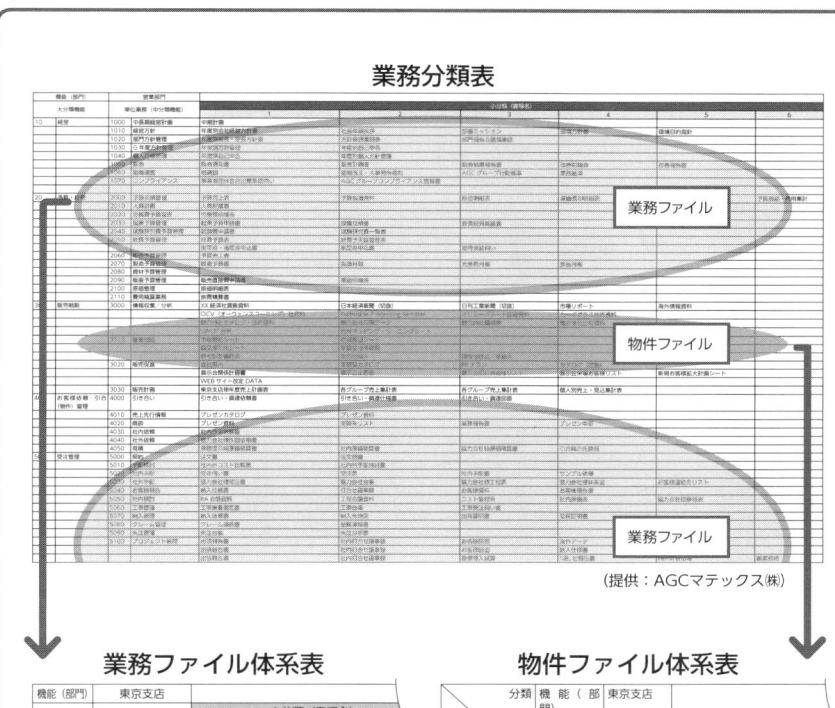

## 業務分類表

(提供：AGCマテックス㈱)

## 業務ファイル体系表

| 機能（部門） | | 東京支店 | | | | |
|---|---|---|---|---|---|---|
| 大分類機能 | | 単位業務<br>(中分類機能) | 小分類（書類名） | | | |
| | | | 1 | 2 | 3 | 4 |
| 10 | 経営 | 1000 中長期経営計画 | 中期計画 | | | |
| | | 1010 経営方針 | 年度別会社経営方針 | 社長年頭挨拶 | 部署ミッション | 環境方針書 |
| | | 1020 部門方針管理 | 年度別部長・室長方針書 | 方針管理展開表 | 部門報告会議事録 | |
| | | 1030 G年度方針管理 | 年度別方針書 | 年度別自己申告 | | |
| | | 1040 個人目標管理 | 年度別自己申告 | 年度別個人方針書 | | |
| | | 1050 監査 | 監査通知書 | 監査計画書 | 監査結果報告書 | 改善書 |
| | | 1060 組織運営 | 組織図 | 組織改正・人事発令通知 | AGCグループ行動基準 | 業務 |
| | | 1070 コンプライアンス | 事業者団体会合出席承認伺い | AGCグループコンプライアンス宣誓書 | | |
| 20 | 予算・経費 | 2000 予算実績管理 | 予算売上表 | 予算製造資料 | 原価明細表 | 減価明細 |
| | | 人員計画 | 人員配賦 | | | |

## 物件ファイル体系表

| | 分類 | 機能（部門） | 東京支店 | | | | |
|---|---|---|---|---|---|---|---|
| 物件名 | | 大分類 | 中分類<br>(単位業務) | 小分類（書類名） | | | |
| | | | | 1 | 2 | 3 | 4 |
| 製法コード・商品名・製品名・案件名・受注ルート | | 40 お客様依頼・引合（物件）管理 | 4000 引き合い | 引き合い先リスト | 引き合い・調達依頼書 | 引き合い・調達仕様書 | 引き合い・調達 |
| | | | 4010 売上先行情報 | プレゼン先リスト | プレゼンカタログ | プレゼン資料 | |
| | | | 4020 商談 | プレゼンカタログ | プレゼン資料 | 商談先リスト | 業務報告書 |
| | | | 4030 社内依頼 | 社内見積算書 | 社内作図依頼書 | | |
| | | | 4040 社外依頼 | 協力会社見積算依頼書 | 協力会社仕様依頼書 | | |
| | | | 4050 見積 | 見積提示用原価算書 | 社内原価算書 | 協力社価算書 | |

物件名
製法コード⇒商品名⇒製品名⇒案件名⇒受注ルート

# 6 保管場所の見直し

## ●キャビネットの場所を一度見直そう

現在、保管している書類の置き場所は必ずしも最適な場所とは限りません。多くの事務所では、担当者の個人机の引き出しや席の近くのキャビネットに書類を保管しています。歩かずに、すぐに取り出せるから効率的だと思っている人も多いと思います。

しかし、そのキャビネットは「担当者占有キャビネット」になってしまい、管理者がチェックできません。また、他の人が使用する際にも不便です。その上、せっかく整理したのに、担当者の私物や参考書類などであっという間に雑然としたキャビネットになってしまいます。

ファイリングシステムを確立して、業務の「見える化・流れ化」を実現し、誰でも必要な書類を探しやすく、戻しやすい保管場所という観点で見直しましょう。

## ●最適な保管場所とは？

保管場所を見直すポイントは、次のとおりです。

① 整理完了後は、部門ごとに書類の共有化を図るため、各部門のキャビネットが1カ所にまとまるように配置を見直す

② 業務ファイルと物件ファイルの保管場所は区分する

③ 原則として業務分類表の大分類、中分類のプロセス順にファイルを配置する

④ 今年度、昨年度と年度別にキャビネットを分けた方が仕事がしやすいようであれば、年度別に配置してもOK

⑤ 書類探しのムダをなくすために、ファイルは保管場所を定置化する

⑥ キャビネットには、ロケーション番号、棚番号、位置番号をつける

⑦ キャビネットを置く場所がなく、個人の机の引き出しを使用しなければ収納できない場合は、個人の机にロケーション番号をつけて、共有の保管場所として、置き場表示をして管理する（ロケーション番号は付与ルールを決める）

⑧ どこに、どの業務の書類が保管されているかを判断しやすいように、キャビネットのロケーションマップを作成する

## ロケーション番号の設定の例

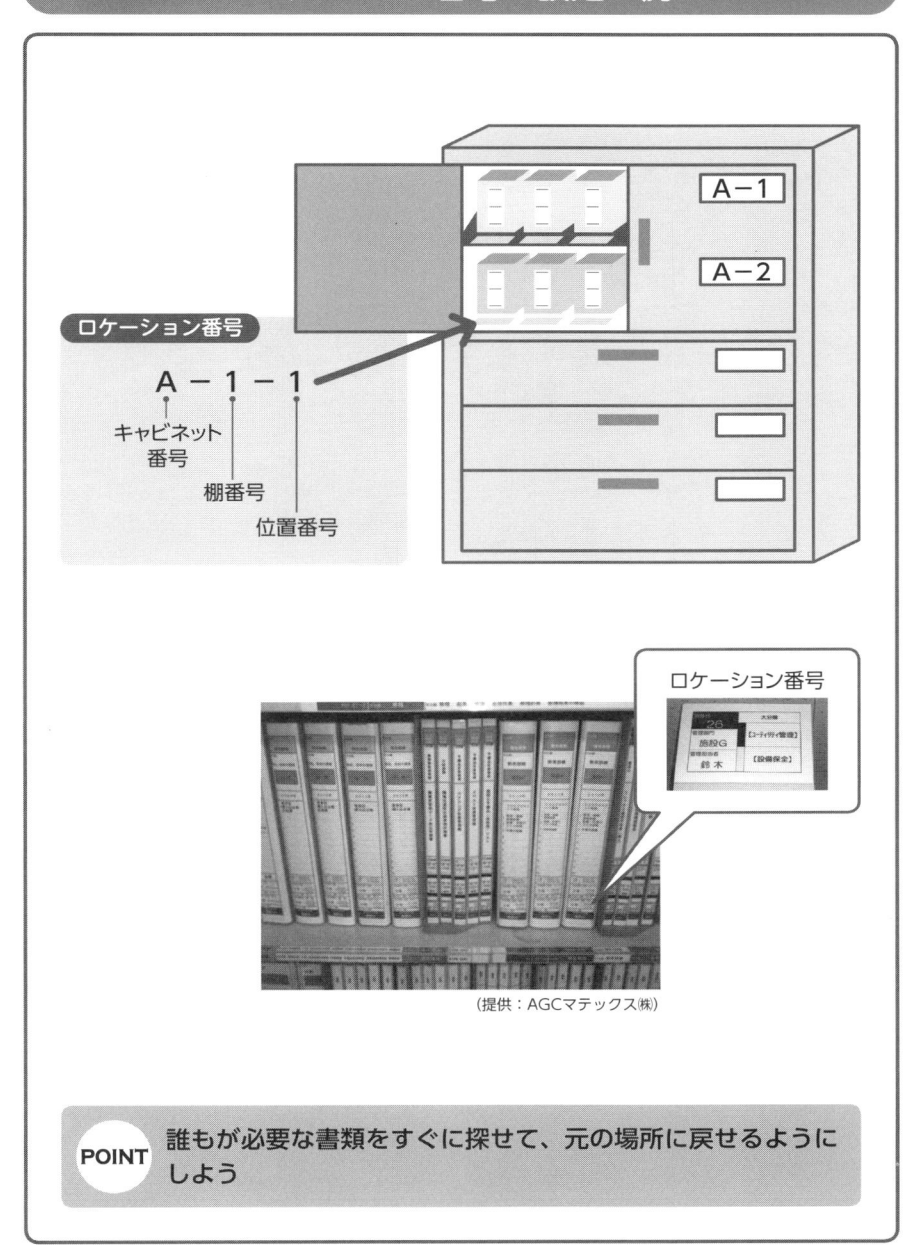

**ロケーション番号**

A － 1 － 1
・キャビネット番号
・棚番号
・位置番号

A－1
A－2

ロケーション番号

(提供：AGCマテックス㈱)

**POINT** 誰もが必要な書類をすぐに探せて、元の場所に戻せるようにしよう

# 7 ファイル基準表の作成方法

● ファイルの背表紙のルールを決めよう

「ファイル基準表」は、ファイルの背表紙を作成するためのルールづくりです。

ファイル基準表は、ファイル体系別に各々の書類を一冊のファイルに収納するための情報と、書類の移管を容易にするために必要な情報をまとめた管理資料です。業務ファイル体系表から物件ファイル基準表、物件ファイル体系表から物件ファイル基準表を作成します。

ファイル基準表には、背表紙を作成するために必要な情報（①～⑨）を設定します。

① くくり方……一冊にどの種類の書類を収納するか？
② ファイルする道具と厚み……2穴バインダー、リングファイル、ボックスファイルなど
③ 原紙・写の識別
④ 媒体区分……書類、電子データ
⑤ 保管期間……書類の廃棄基準で設定（法規、会社ルール）
⑥ 保存期間……書類の廃棄基準で設定（法規、会社ルール）
⑦ 循環ファイルの特定……改廃循環、期間循環
⑧ 管理部門・主管部署
⑨ ロケーション番号……保管場所のキャビネット番号

ファイル基準表で文書管理を行う場合は、この他にセキュリティレベルや文書番号などを付加してください。

● ファイル道具にもポイントがある

ファイルのくくり方を決めるポイントは、業務をするときに一緒に使用する場合は、同じファイルに綴じると仕事がしやすくなります。毎日、毎月大量に発生する書類は一つのファイルに綴じた方がよいでしょう。現在のファイルは、書類を綴じやすいか、探しやすいか、管理しやすいか、この機会に見直しましょう。

また、「書類の廃棄基準表」で定めた保管期間、保存期間が妥当であるかも再チェックし、必要があれば改訂してください。

ファイルの道具は、一種類のファイルの厚さに統一する必要はありません。仕事に必要な書類が、必要な期間、収納できるファイル道具にしましょう。

## 業務ファイル基準表と物件ファイル基準体系表

### ・業務ファイル基準表（営業統括部）

| 機能(部門) | | 東京支店 | | ファイルくくり | | | ファイル用具 | | 原写区分 | 媒体区分 | キャビネット(保管期間)(年) | 保存期間(年) | 循環ファイル | ファイルNo | ロケーションNo |
|---|---|---|---|---|---|---|---|---|---|---|---|---|---|---|---|
| 大分類機能 | | 単位業務(中分類機能) | 小分類 | 大 | 中 | 小 | 種類 | 厚み(cm) | | | | | | | |
| 10 | 経営 | 1000 | 中長期経営計画 | 中期計画 | | ○ | | 2穴バインダー | 3 | 写 | 紙 | 5 | | ○ | |
| | | 1010 | 経営方針 | 部署ミッション | | | | | | 写 | 紙 | 2 | | ○ | |
| | | 1020 | 部門方針管理 | 年度別部長・室長方針書 | | | | | | 写 | 紙 | 2 | | ○ | |
| | | | | 方針管理展開表 | | | | | | 写 | 紙 | 2 | | ○ | |
| | | | | 部門報告会議議事録 | } | ○ | | 2穴バインダー | 3 | 写 | 紙 | 2 | | ○ | |
| | | 1030 | G年度方針管理 | 年度別方針管理 | | | | | | 写 | 紙 | 2 | | ○ | |
| | | | | 年度別自己申告 | | | | | | 写 | 紙 | 2 | | ○ | |
| | | 1040 | 個人目標管理 | 年度別自己申告 | | | | | | 写 | 紙 | 2 | | ○ | |
| | | | | 年度別個人方針管理 | | | | | | 写 | 紙 | 2 | | ○ | |
| | | 1050 | 監査 | 監査通知書 | | | | | | 写 | 紙 | 2 | | ○ | |
| | | | | 監査計画書 | | | | | | 写 | 紙 | 2 | | ○ | |
| | | | | 監査結果報告書 | } | ○ | | 2穴バインダー | 3 | 写 | 紙 | 2 | | ○ | |
| | | | | 改善指摘表 | | | | | | 写 | 紙 | | | | |
| | | | | 改善報告書 | | | | | | 写 | 紙 | | | | |

### ・物件ファイル基準表（営業統括部）

| 物件名 | | | | | | 機能(部門) | 東京支店 | 小分類(書類名) | ファイルくくり | | | ファイル用具 | | 原写区分 | 媒体区分 | キャビネット保管期間(年) | ストックヤード保管期間(年) | 作成者保存期間(年) |
|---|---|---|---|---|---|---|---|---|---|---|---|---|---|---|---|---|---|---|
| 製法コード | 商品名 | 製品名 | 案件名 | 受注ルート | | 大分類 | 中分類(単位業務) | 1 | 大 | 中 | 小 | 種類 | 厚み(cm) | | | | | |
| | | | | | 40 | お客様依頼・引合(物件)管理 | 4000 引き合い | 引き合い先リスト | | | | | | 原 | 紙 | 納品後3年 | 2 | 7 |
| | | | | | | | | 引き合い・調達依頼書 | | | | | | 写 | 紙 | 納品後3年 | 2 | 7 |
| | | | | | | | | 引き合い・調達仕様書 | | | | | | 写 | 紙 | 納品後3年 | 2 | 7 |
| | | | | | | | | 引き合い・調達図面 | | | | | | 写 | 紙 | 納品後3年 | 2 | 7 |
| | | | | | | | 4010 売上先行情報 | プレゼン先リスト | | | | | | 原 | 紙 | 納品後3年 | 2 | 7 |
| | | | | | | | | プレゼンカタログ | | | | | | 原 | 紙 | 納品後3年 | 2 | 7 |
| | | | | | | | | プレゼン資料 | | | | | | 原 | 紙 | 納品後3年 | 2 | 7 |
| | | | | | | | 4020 商談 | プレゼンカタログ | | | | | | 原 | 紙 | 納品後 | 2 | |

(提供：AGCマテックス㈱様)

**POINT**
- 大分類機能の全ての書類を1つのファイルに収納する場合：大分類欄の書類を } でくくり○をつける
- 中分類単位、中分類をさらに区分して収納する場合：中分類欄の該当する書類に } をつけて○をつける
- 1種類の書類単位で収納する場合：小分類の欄に○をつける

# 保管・保存と循環ファイルとは？

## ●ファイルの保管期間と保存期間を決めよう

書類は、書類を入手・作成→保管→保存→廃棄に至る間を管理する必要があります。しかし、事務所は限られたスペースです。全ての書類を作成から廃棄までの間、事務所内のキャビネットで管理するには限界があります。

ファイリングシステムを確立し、有効な運用をするためには、必要な期間、どこで、どのくらい管理するのか、保管と保存の定義を明確にする必要があります。

保管と保存はよく使用する表現ですが、定義は法令や会社の取り決めによってまちまちです。商法では、書類作成後から廃棄までの期間を保存期限と定義しています。ISOでは、書類を作成・入手してから廃棄までを保管期間としています。

本書では、保管と保存は次のように定義します。

- 保管……懸案中・処理中・活用頻度の高い書類を、事務所内（保管場所）で、所定の期間（保管期間）、管理すること
- 保存……活用・処理が終わった書類、活用頻度の低い書類を事務所外（保存場所：書庫、倉庫、外部倉庫）で所定の期間（保存期間）管理すること

保管期間、保存期間は、事務所内のキャビネットと書庫のスペースを考慮して設定するとよいでしょう。

## ●循環ファイルもルールを定めよう

循環ファイルとは、ファイルの背表紙を書き換えずに、中の書類のみを入れ替えるファイルの使い方で、特定した保管期限はありません。循環ファイルには、「期間循環ファイル」と「改廃循環ファイル」があります。

- 期間循環ファイル……年度、月単位などで更新する書類
- 改廃循環ファイル……改訂したら最新版と旧版と差し替え、廃止されたらファイルから該当する書類を廃棄する書類（規定、作業要領・手順書など）

業務ファイルは、循環ファイルを活用すると背表紙の作成の手間が省け、棚の保管場所が定量化されるため戻しやすく、保管スペースも増えません。ただし、物件ファイルは、物件ごとに対応した期間を明記する必要があるため、原則的に循環ファイルにはできません。

## 書類のライフサイクル

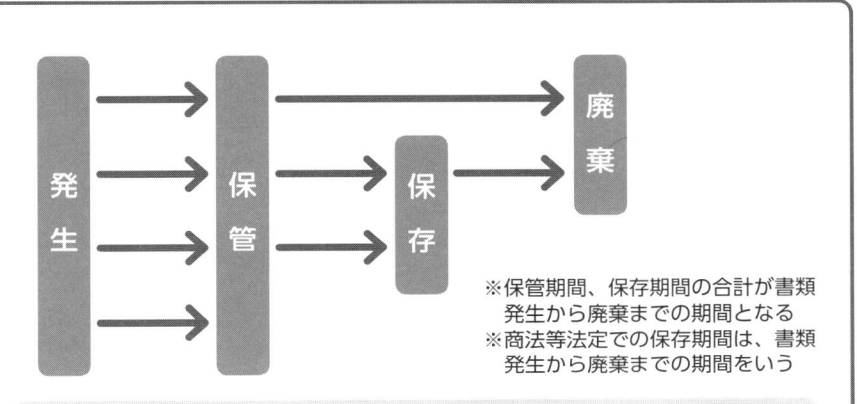

発生 → 保管 → 保存 → 廃棄

※保管期間、保存期間の合計が書類発生から廃棄までの期間となる
※商法等法定での保存期間は、書類発生から廃棄までの期間をいう

保管＝懸案中・処理中・活用頻度の高い書類を事務所内で所定の期間管理すること
保存＝活用・処理が終わった書類、活用頻度の低い書類を事務所外で所定の期間管理すること

・循環ファイルの例
- ●期間循環ファイル：年度、月単位等で更新される書類
- ●改廃循環ファイル：改訂されたら旧版を廃棄または別のファイルに移し保存する書類

**例：改廃循環ファイル**
マニュアル、規定類が収納されている。
最新版に改訂になったマニュアル、規定のみをファイルから抜き取り、廃棄する。
ファイルの中は最新版

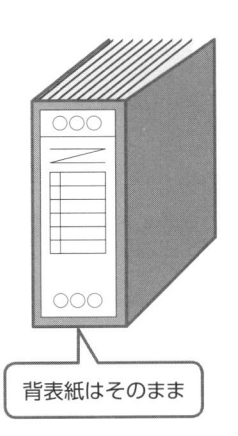

**例：2年間の期間循環ファイル**
今年度分、昨年度分、一昨年度分が収納されている。
翌年は、一昨年度分の書類をファイルから抜き取り、廃棄する

背表紙はそのまま

# 見やすい背表紙と中仕切りの作成

業務ファイル基準表、物件ファイル基準表に従って、背表紙を作成します。背表紙は、ファイル基準表の全ての項目を記入します。以下は背表紙作成のポイントです。

● 背表紙作成の6つのポイント

① 見やすい……業務ファイルおよび物件ファイルごとに背表紙のフォーマットを標準化します。ファイルの厚さに対応したフォーマットパターンを作成すると便利です。フォントの文字の種類やサイズも変えると見やすいです。

② 探しやすい・戻しやすい……大分類の業務機能をカラー識別すると業務別に収納でき、探しやすいです。

③ ワンシステムで書類の移管（収納→保管→保存→廃棄）が容易……ファイルに収納されている書類の期間、保管期間、保管期限、保存期限、廃棄時期を明記します。背表紙で移管することができます。

④ 背表紙でどの業務で必要な書類であるかがわかる……背表紙には、書類名だけではなく、大分類、中分類の業務機能を明記します。

⑤ ファイルの収納単位が判断できる……同じ背表紙が複数冊ある場合は、年度、会計期、製品名など識別できる付加情報を明記します。

⑥ ファイルを戻すキャビネット、棚がわかる……背表紙には、保管するキャビネットのロケーション番号を記入します。

● ファイリングの仕上げ

キャビネットには、大分類業務名（中分類業務名）とロケーション番号を明記した扉の表示をします。ファイルマップを掲示すると、ナビゲーションはばっちりです。

最後に、中仕切りをつけて、ファイリングシステムは完成です。中仕切りをつける目的は、

・書類を整然とファイルし、探しやすくするため
・保管から保存、廃棄への移管を容易にするため

です。複数の種類の書類が収納されているファイルの中仕切りは、書類名にします。一冊に複数の年度や月度の書類がファイルされている中仕切りは、年度、月です。期間循環ファイルは、循環する年、月の中仕切りが必要です。

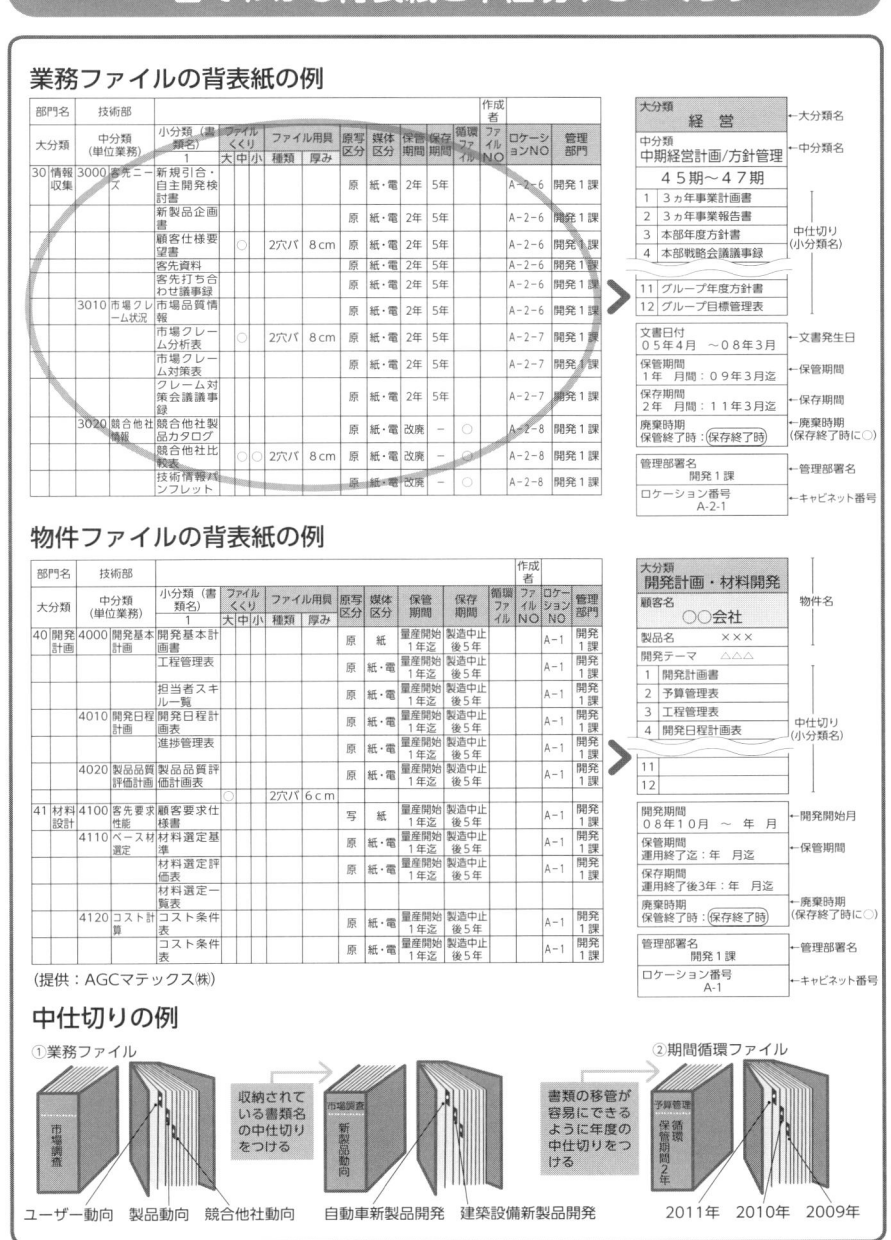

# 7章 ファイリングで業務効率アップ

## 一目でわかる背表紙と中仕切りをつくろう

### 業務ファイルの背表紙の例

| 部門名 | | 技術部 | | | | | | | | | 作成者 | | | |
|---|---|---|---|---|---|---|---|---|---|---|---|---|---|---|
| 大分類 | | 中分類（単位業務） | 小分類（書類名） | ファイルくくり | ファイル用具 | | 写区分 | 媒体区分 | 保管期間 | 保存期間 | 循環ファイル | ファイルNO | ロケーションNO | 管理部門 |
| | | | | 大 中 小 | 種類 | 厚み | | | | | | | | |
| 30 | 情報収集 | 3000 客先ニーズ | 新規引合・自主開発検討書 | | | | 原 | 紙・電 | 2年 | 5年 | | | A-2-6 | 開発1課 |
| | | | 新製品企画書 | | | | 原 | 紙・電 | 2年 | 5年 | | | A-2-6 | 開発1課 |
| | | | 顧客仕様要望 | ○ | 2穴バ | 8cm | 原 | 紙・電 | 2年 | 5年 | | | A-2-6 | 開発1課 |
| | | | 客先資料 | | | | 原 | 紙・電 | 2年 | 5年 | | | A-2-6 | 開発1課 |
| | | | 客先打ち合わせ議事録 | | | | 原 | 紙・電 | 2年 | 5年 | | | A-2-6 | 開発1課 |
| | | 3010 市場クレーム状況 | 市場品質情報 | | | | 原 | 紙・電 | 2年 | 5年 | | | A-2-6 | 開発1課 |
| | | | 市場クレーム分析表 | ○ | 2穴バ | 8cm | 原 | 紙・電 | 2年 | 5年 | | | A-2-7 | 開発1課 |
| | | | 市場クレーム対策表 | | | | 原 | 紙・電 | 2年 | 5年 | | | A-2-7 | 開発1課 |
| | | | クレーム対策会議議事録 | | | | 原 | 紙・電 | 2年 | 5年 | | | A-2-7 | 開発1課 |
| | | 3020 競合他社情報 | 競合他社製品カタログ | | | | 原 | 紙・電 | 改廃 | - | | ○ | A-2-8 | 開発1課 |
| | | | 競合他社比較表 | ○ | 2穴バ | 8cm | 原 | 紙・電 | 改廃 | - | | ○ | A-2-8 | 開発1課 |
| | | | 技術情報パンフレット | | | | 原 | 紙・電 | 改廃 | - | | ○ | A-2-8 | 開発1課 |

```
大分類   経  営                ← 大分類名
中分類   中期経営計画／方針管理  ← 中分類
         ４５期～４７期
 1  3ヵ年事業計画書
 2  3ヵ年事業報告書
 3  本部年度方針書           中仕切り
 4  本部戦略会議議事録       （小分類名）
11  グループ年度方針書
12  グループ目標管理表

文書日付
05年4月 ～ 08年3月         ← 文書発生日
保管期間
1年   月迄：09年3月迄        ← 保管期間
保存期間
2年   月迄：11年3月迄        ← 保存期間
廃棄時期
保管終了時：保存終了時        ← 廃棄時期（保存終了時に○）
管理部署名
  開発1課                    ← 管理部署名
ロケーション番号
  A-2-1                      ← キャビネット番号
```

### 物件ファイルの背表紙の例

| 部門名 | | 技術部 | | | | | | | | | | 作成者 | | |
|---|---|---|---|---|---|---|---|---|---|---|---|---|---|---|
| 大分類 | | 中分類（単位業務） | 小分類（書類名） | ファイルくくり | ファイル用具 | | 写区分 | 媒体区分 | 保管期間 | 保存期間 | 循環ファイル | ロケーションNO | 管理部門 | |
| | | | | 大 中 小 | 種類 | 厚み | | | | | | | | |
| 40 | 開発計画 | 4000 開発基本計画 | 開発基本計画書 | | | | 原 | 紙 | 量産開始1年迄 | 製造中止後5年 | | A-1 | 開発1課 | |
| | | | 工程管理表 | | | | 原 | 紙・電 | 量産開始1年迄 | 製造中止後5年 | | A-1 | 開発1課 | |
| | | | 担当者スキル一覧 | | | | 原 | 紙・電 | 量産開始1年迄 | 製造中止後5年 | | A-1 | 開発1課 | |
| | | 4010 開発日程計画 | 開発日程計画表 | | | | 原 | 紙・電 | 量産開始1年迄 | 製造中止後5年 | | A-1 | 開発1課 | |
| | | | 進捗管理表 | | | | 原 | 紙・電 | 量産開始1年迄 | 製造中止後5年 | | A-1 | 開発1課 | |
| | | 4020 製品品質評価計画 | 製品品質評価計画書 | | | | 原 | 紙・電 | 量産開始1年迄 | 製造中止後5年 | | A-1 | 開発1課 | |
| | | | | ○ | 2穴バ | 6cm | | | | | | | | |
| 41 | 材料設計 | 4100 客先要求性能 | 顧客要求仕様書 | | | | 写 | 紙 | 量産開始1年迄 | 製造中止後5年 | | A-1 | 開発1課 | |
| | | 4110 ベース材選定 | 材料選定基準 | | | | 原 | 紙・電 | 量産開始1年迄 | 製造中止後5年 | | A-1 | 開発1課 | |
| | | | 材料選定評価表 | | | | 原 | 紙・電 | 量産開始1年迄 | 製造中止後5年 | | A-1 | 開発1課 | |
| | | | 材料選定一覧表 | | | | 原 | 紙・電 | 量産開始1年迄 | 製造中止後5年 | | A-1 | 開発1課 | |
| | | 4120 コスト計算 | コスト条件表 | | | | 原 | 紙・電 | 量産開始1年迄 | 製造中止後5年 | | A-1 | 開発1課 | |
| | | | コスト条件表 | | | | 原 | 紙・電 | 量産開始1年迄 | 製造中止後5年 | | A-1 | 開発1課 | |

```
大分類   開発計画・材料開発        ← 大分類
顧客名    ○○会社                ← 物件名
製品名    ×××
開発テーマ △△△
 1  開発計画書
 2  予算管理表
 3  工程管理表                   中仕切り
 4  開発日程計画表              （小分類名）
11
12

開発期間
08年10月 ～ 年 月             ← 開発開始月
保管期間
運用終了後：年 月迄             ← 保管期間
保存期間
運用終了後3年：年 月迄
廃棄時期
保管終了時：保存終了時          ← 廃棄時期（保存終了時に○）
管理部署名
  開発1課                       ← 管理部署名
ロケーション番号
  A-1                           ← キャビネット番号
```

（提供：AGCマテックス㈱）

### 中仕切りの例

① 業務ファイル

- 市場調査　　ユーザー動向　製品動向　競合他社動向
- 収納されている書類名の中仕切りをつける
- 新製品動向　　自動車新製品開発　建築設備新製品開発

② 期間循環ファイル

- 書類の移管が容易にできるように年度の中仕切りをつける
- 予算管理　保管循環期間2年　2011年　2010年　2009年

141

# 10 業務改善につながるファイリングシステム

## ●ファイリングシステムで得られる業務改善のヒント

ファイリングシステムは、せっかく考えるエネルギーと力仕事を要するのですから、書類を体系的に管理するしくみだけに終わらせたら、もったいないことです。

業務分類表を作成する段階、物件ファイル体系を決める段階、ファイル基準表を作成する段階、背表紙や中仕切りを作成する段階、背表紙が完成し、キャビネットの中の背表紙や並び順をチェックした段階など、ファイリングシステムを構築していくさまざまな段階で、**業務改善のアイデア**をたくさん発見することができます。

たとえば、業務分類表の大分類、中分類の業務機能をプロセス順に並べると、本来は管理しなければならない業務が未実施であったり、管理書類の偏りが顕在化します。完成した業務分類表をチェックすると、重複した業務、類似した書類を発見することができます。

背表紙が完成し、ファイルをチェックする段階になると、あちこちの書類を確認しながら業務を行っていることが判明し、仕事の手順や書式を見直す必要性を感じるようになります。また、業務分類表で仕事の分担分けしたら、ある特定の人の負荷バランスが大きいことに気づくこともあります。

## ●ファイリングシステムによってスキルアップを図る

ファイリングシステムの構築ステップは、一工夫すれば、業務改善の機会に利用することができます。

たとえば、業務分類表を作成する段階では、

① 現行実施している業務機能、作成している書類・データ上で、今後管理のやり方を見直しする必要のある業務、フォーマットの見直しをする書類・データを発見したら、青文字で記入します。

② 現在、管理対象としていない業務機能、未作成・未入手の書類・データ上で、今後管理すべき業務機能、作成すべき管理書類・データに気づいたら赤字で記入します。

作成したファイル基準表をアレンジし、業務の頻度や分担の情報を加えれば、スキルマップ表の完成です。スキルマップ表は、業務平準化のためのスキルアップ計画や業務改善計画書として使用することができます。

# 業務分類表の識別

## 業務分類表（営業統括部）

### 小分類（書類）の区分け

| | | | |
|---|---|---|---|
| 白色のセル | 当該の中分類機能で作成、入手し保管する書類 | 黒文字 | 現行実施している業務機能、作成・入手している書類・データ |
| 黄色のセル | 自部門では作成せず、他部門から配信、提出される書類であり、自部門で保管責任がある書類 | 青文字 | 現行実施している業務機能、作成している書類・データであるが、今後管理のやり方を見直しする必要のある業務、フォーマットの見直しをする書類・データ |
| ピンク色のセル | 自部門で作成し、他部門へ、配信、提出する書類であるが、自部門では保管責任がない書類 | 赤文字 | 現在、管理対象としていない業務機能、未作成・未入手の書類・データであるが、今後、管理すべき業務機能、作成すべき管理書類・データ |
| 薄い水色のセル | 電子データのみ | | |
| 薄い緑色（6.25%灰色）のセル | 自部門では作成せず、他部門から配信、提出される書類であり、自部門でチェックするのみの書類かつ自部門では保管責任がない書類 | | |

| 機能（部門） | 東京支店 | | | | | | | |
|---|---|---|---|---|---|---|---|---|
| 大分類機能 | 単位業務（中分類機能） | 中中分類 | 小分類（書類名） | | | | | |
| | | | 1 | 2 | 3 | 4 | 5 | 6 |
| 30 販売戦略 | 3000 情報収集／分析 | 市場情報／分析 | 矢野経済社調査資料 | 日本経済新聞（切抜） | 日刊工業新聞 | 市場リポート | 海外情報資料 | |
| （部門管理） | | 業界情報／分析 | OCV（オーウェンスコーニング）社資料 | Pultrusion Processing Seminar | ポリカーボネート技術資料 | カーガラス技術資料 | | |
| | | 競合他社情報／分析 | 競合他社カタログ・技術資料 | 競合他社帝国データ | 競合他社価格表 | 競合他社比較資料 | | |
| | | 自社分析 | SWOT分析 | 自社マッピング・ゾーニングシート | | | | |
| | 3010 営業戦略 | 市場戦略 | 市場戦略シート | 市場撤退シート | | | | |
| | | 商品戦略 | 商品差別化シート | 新商品技術資料 | | | | |
| | | 価格戦略 | 参考設計価格表 | 販売価格表 | 損益分岐点／原価表 | | | |
| | 3020 販売促進 | PR企画 | 会社案内 | 新製品カタログ | PRチラシ | カタログ（定番） | | |
| | | イベント企画 | 展示会関係計画書 | 展示会企画書 | 展示会招待お客様リスト | 展示会来場お客様リスト | 新規お客様拡大計画シート | |
| | | WEBサイト | WEBサイト改定DATA | | | | | |
| | 3030 販売計画 | 売上計画 | 東京支店単年度売上計画表 | 各グループ売上集計表 | 各グループ売上集計表 | 個人別売上・見込集計表 | | |
| 40 お客様依頼・引合（物件） | 4000 引き合い | 引き合い先リスト | 引き合い・調達依頼書 | 引き合い・調達仕様書 | 引き合い・調達図面 | | | |

## スキルマップへの展開

↓

## 業務分担/スキルマップ表

スキル度：[現在・目標]
◎ 指導できる(1.2)　○ 1人で全ての業務ができる(1.0)
△ 援助があればできる／一部の業務ができる(0.5)　□訓練させたいもの

| 大分類業務機能 | 中分類業務機能 | 中中分類業務機能 | 業務頻度 | | | 難易度 | 作業手順書有無 | Aさん | | | | Bさん | | | | Cさん | | | | スキル合計 | |
|---|---|---|---|---|---|---|---|---|---|---|---|---|---|---|---|---|---|---|---|---|---|
| | | | 年/半期 | 月 | 毎日 | 随時 | | | 現在 | 目標 | 達成як | 評価 | 現在 | 目標 | 達成度 | 評価 | 現在 | 目標 | 達成度 | 評価 | 現在 | 目標 |
| 30 販売戦略 | 3000 情報収集／分析 | 業界情報／分析 | | | | ○ | B | | ○ | | | | ○ | | | | △ | ○ | | | 2.7 | 3.2 |
| | | 競合他社情報／分析 | | | | ○ | A | | ○ | ◎ | | | ○ | | | | △ | | | | 2 | 3.2 |
| | | 自社分析 | | | | ○ | B | | ○ | | | | ○ | | | | △ | | | | 2.7 | 3.2 |
| | 3010 営業戦略 | 市場戦略 | ○ | | | | A | | ○ | | | | ○ | | | | △ | | | | 2.7 | |
| | | 商品戦略 | | | | ○ | A | | ○ | | | | ○ | | | | △ | | | | 2.7 | |
| | | 価格戦略 | | | | ○ | A | | ○ | | | | △ | ○ | | | △ | | | | 2 | 3.2 |
| | 3020 販売促進 | PR企画 | | | | ○ | B | | ○ | | | | ◎ | ○ | | | △ | | | | 2.5 | 3.2 |
| | | イベント企画 | | ○ | | | B | | ○ | | | | ○ | | | | ○ | | | | 3 | 3.2 |
| | | WEBサイト | | | | ○ | B | | △ | | | | ○ | | | | ○ | | | | 2.7 | |

| |
|---|
| ◎の数×1.2 |
| ○の数×1.0 |
| △の数×0.5 |
| 合計(a) |
| 業務数 |
| 業務数×1.2(b) |
| 多能化率 (a)/(b) |
| 目標多能化率 |

7章　ファイリングで業務効率アップ

## COLUMN 7

## 保管期間のスタートの考え方

　保管期間の考え方のおさらいをします。書類は発生～廃棄するまでの期間、管理しなければなりませんでしたね。そうすると、書類を作成した時点から保管期間がスタートすることになり、日々発生している書類は、毎日廃棄処分をすることになってしまいます。業務は非効率だし、面倒ですよね。

　そこで、保管期間のスタートの時期の考え方を紹介します。一般的な業務期間ファイルは、1冊のファイルが満杯になった時が収納完了日です。収納完了日が保管期間スタート日になります。

　では、ここで質問です。

　事例の期間循環ファイルは、2年間が保管期間です。このファイルの中には、いつからいつまでの書類が保管されているのでしょうか？

**回答A：今年度、昨年度**

**回答B：今年度、昨年度、一昨年**

　正解はBです。今年度分の書類は、まだ作成中であり、保管仕掛中と考えます。従って、来年から保管期間がスタートになります。

### 一般的な業務期間ファイル

| 大分類 経　営 |
| --- |
| 中分類 中期経営計画/方針管理 |
| 45期～47期 |
| 1　3ヵ年事業計画書 |
| 2　3ヵ年事業報告書 |
| 3　本部年度方針書 |
| 4　本部戦略会議議事録 |
| 11　グループ年度方針書 |
| 12　グループ目標管理表 |
| 文書日付 05年4月 ～08年3月 ←文書発生日 |
| 保管期間 1年　月間：09年3月迄 ←保管期間 |
| 保存期間 2年　月間：11年3月迄 ←保存期間 |
| 廃棄時期 保管終了時：(保存終了時) ←廃棄時期 (保存終了時に○) |
| 管理部署名 開発1課 |
| ロケーション番号 A-2-1 |

### 期間循環ファイルの背表紙例

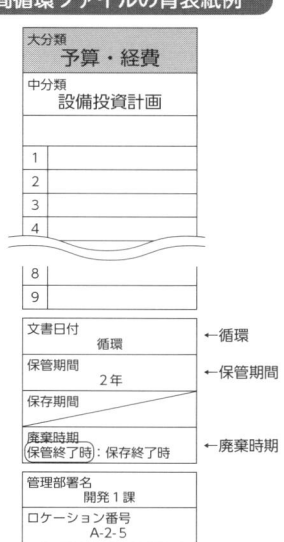

| 大分類 予算・経費 |
| --- |
| 中分類 設備投資計画 |
| 1 |
| 2 |
| 3 |
| 4 |
| 8 |
| 9 |
| 文書日付 循環 ←循環 |
| 保管期間 2年 ←保管期間 |
| 保存期間 |
| 廃棄時期 (保管終了時)：保存終了時 ←廃棄時期 |
| 管理部署名 開発1課 |
| ロケーション番号 A-2-5 |

# 8章 5S実践の成功事例11

# 個人机の5S成功事例
## （株式会社 名晃）

● 個人机をそれぞれに工夫

株式会社 名晃では、いつもお客様が来訪されてもさわやかな笑顔でお迎えできるように、個人机の上、引き出しの中には、最低限必要な物しか置かないワンベスト管理を徹底しています。そのため、誰もが個人机の引き出しを開けることができ、チームワークも良好です。

さらに、一人ひとりが個人の机の管理責任者として、毎朝、自分の席で仕事をすることが楽しみになるように、さまざまな置き方を工夫しながら5Sを行いました。今では全員が個人机をご自慢の場所としています。

● 個人机の5Sのアイデア

机の上は、退社時にはパソコンと電話と仕掛書類ボックスしか置かないようにします。引き出しの中、共有キャビネットの中に、その日業務で使用した物が全て戻るように置き場を決めています。机の下は、もちろん何も置きません。

机の引き出しの中は、保管する物の表示をしています。右袖の一番上の引き出しは事務用品です。ワンストックの原則で、常時使うものしか置きません。使用頻度で配置を決めています。取り出しやすく、戻しやすくするために、ボールペンなど筆記用具は傾斜置きを採用している人もいます。また、小箱を使ったり仕切りを引いたりして、飛び出さない、乱れない工夫もしています。

2番目の引き出しは、私物置き場です。ロッカーに置く物と個人机に置く物を決めてあり、机には日常使用するティッシュや薬しか置かないので、いつもすっきりしています。3番目の引き出しは、参考書類です。参考書類には背表紙を必ず表示し、業務分類に区分けした配置で、置き場所が明確です。参考書類を有効利用する機会も増えました。

真ん中の幅広の引き出しは一番乱れがちな場所なので、入れる物の表示をした小箱を使用し、それ以外は入れられないように領域を決めてしまいました。

個人机の5Sから決められた場所にきちんと戻す習慣がつくと、仕事の手順やルールも守られ、さらに一人ひとりから業務改善提案も積極的に出るようになったそうです。

## 個人机の5S例

・個人机

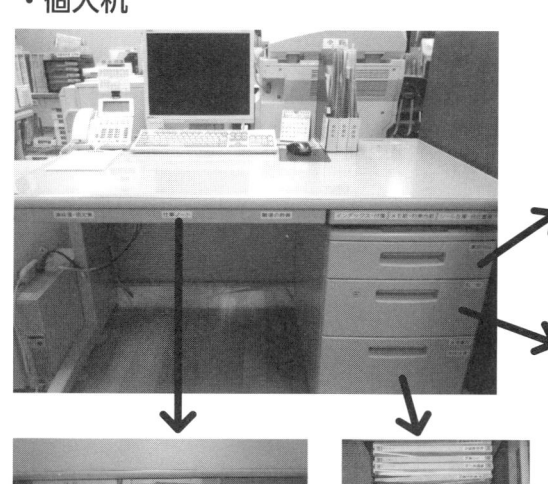

事務用品の引き出し

私物の引き出し

真ん中の幅広の引き出し

参考書類の引き出し

### 事務用品の工夫点

日付印は汚れ防止対策をした

取り出しやすいように立体置きにした

**POINT** 個人机の5Sから5Sの習慣が身につき、業務改善案も積極的に出るようになった

# 仕掛書類管理の5S成功事例
（ヤンマー株式会社 特機エンジン事業本部）

●仕掛書類の管理でチームワークもうまくいく

ヤンマー株式会社 特機エンジン事業本部では、仕事の属人化をなくし、情報の共有化・業務の標準化を図ることで、業務の効率アップを実現する事務所の5Sを推進しています。

業務が効率的に実行されているかが誰にでも判断できる場所が、個人机の仕掛書類管理です。5Sスタート当初、仕掛書類は処理前、対応待ち、処理済の区分で管理していました。

ファイリングシステムの完成後、仕掛書類の管理は一段とレベルアップしました。多くの仕掛書類は保管するためにファイルに綴じられます。そこに注目し、ファイリングシステムの背表紙と仕掛書類のファイルとをリンクした管理を実現したのです。

●ファイリングシステムとリンクした仕掛書類の管理方法

①仕掛書類は1件ごと、クリアファイルに入れます。

②どの業務の仕事かが判断できるように、業務仕切りカードをつけます。業務仕切りカードとは、ファイリングシステムの業務分類表の大分類、中分類の業務機能を明記したもので、記入欄はマーカーで記入したり、消したりすることができるものです。

・業務を完了する目標納期を記入する欄を設置
・次に仕事をする予定日を記入する欄を設置
・ファイリングが必要な書類か否かの記入欄を設置

③業務仕切りカードに、いつまでに実施するのか、次はいつ着手するのか、仕事の状況に応じて手書きで記入します。

④当該の仕掛書類は、ファイルする場合は"要"に○をつけ、仕事が完了したらファイルします。

⑤仕掛書類は、受付、今週中、今月中、上期中、年度中の区分で管理し、仕事に着手します。

このような仕掛書類の管理を実践することによって、自分がどんな業務を多く抱えているのかが判断でき、計画的に仕事を進めることができるようになりました。また、同じ職場の人がどの業務が仕掛かっているのかがすぐに判断できるようになり、応援体制も整いました。

# 8章　5S実践の成功事例11

## 仕掛書類の5S例

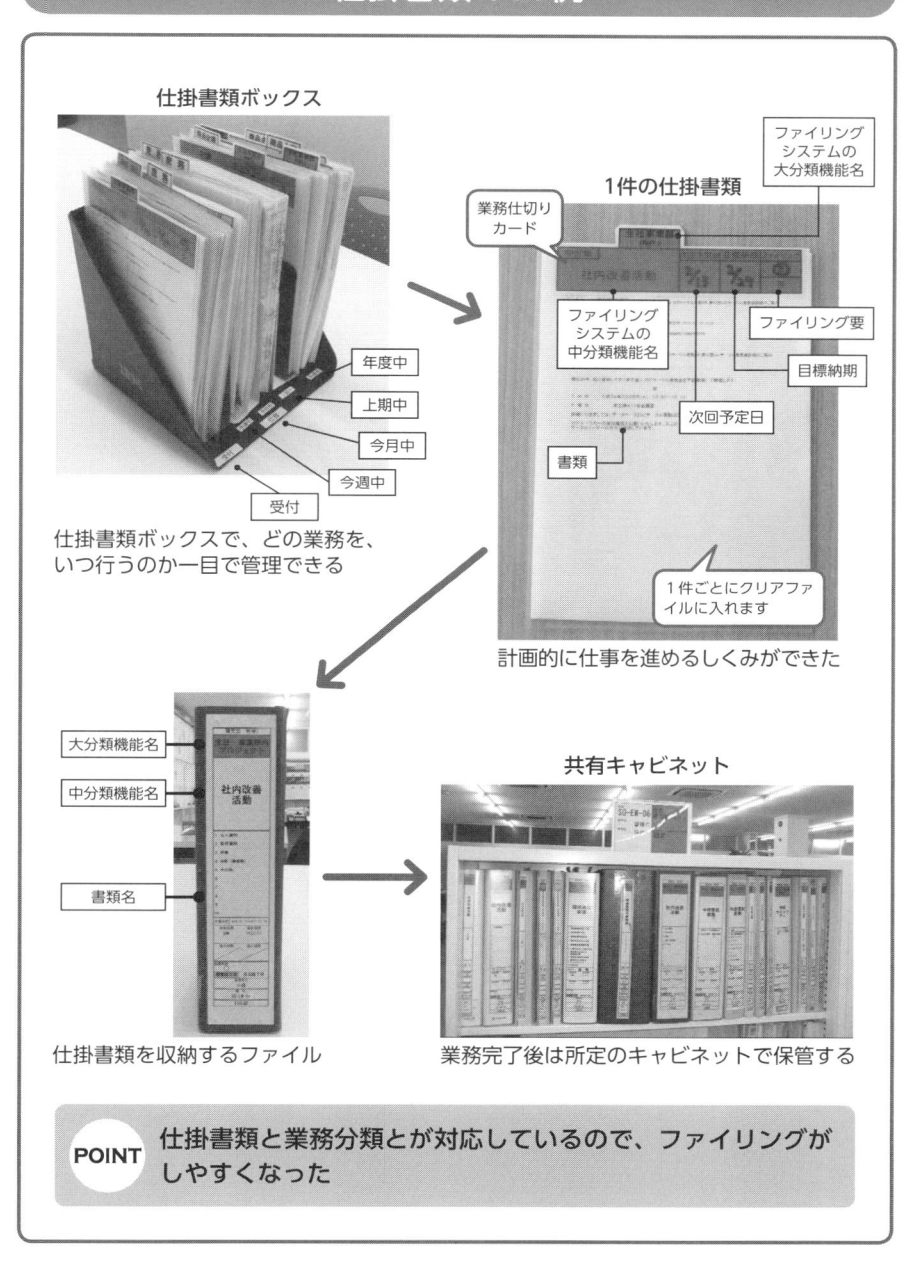

**仕掛書類ボックス**

- 年度中
- 上期中
- 今月中
- 今週中
- 受付

仕掛書類ボックスで、どの業務を、いつ行うのか一目で管理できる

**1件の仕掛書類**

- 業務仕切りカード
- ファイリングシステムの大分類機能名
- ファイリングシステムの中分類機能名
- ファイリング要
- 目標納期
- 次回予定日
- 書類
- 1件ごとにクリアファイルに入れます

計画的に仕事を進めるしくみができた

- 大分類機能名
- 中分類機能名
- 書類名

仕掛書類を収納するファイル

**共有キャビネット**

業務完了後は所定のキャビネットで保管する

**POINT** 仕掛書類と業務分類とが対応しているので、ファイリングがしやすくなった

## 3 仕掛伝票管理の5S成功事例
（株式会社 名晃）

### ●仕掛伝票管理で業務の状態を共有する

株式会社 名晃では、5Sで仕事の手順や進捗状況が見える管理をしています。一般的に、総務や経理の業務は担当者任せになってしまいがちです。そのため、うっかり処理を忘れてしまったり、処理日に遅れてしまったりすることがあります。また、個人机の引き出しに仕掛伝票を入れてしまうと、管理者はチェックする機会が少なくなってしまいます。

同社では、5Sにより仕掛伝票に進捗管理が見えるようになって、仕事の流れも明確になり、計画的に仕事を進めることができるようなりました。また、皆が確認することができるので、誰かが急に会社を休むことになっても、安心して対応することができます。

### ●見える仕掛伝票管理の具体例

名晃では、まず、お客様の締め日に間に合うように請求書を発行し、確認、発送するまでの手続きについて明確にし、作業予定日・作業完了日が記入でき、売上請求書の流れがわかる「管理ボード」を作成しました。

管理ボードは、仕掛伝票を保管しているキャビネットの側面に貼り、お客様の締め日ごとに、請求書を発行する作業予定日、確認予定日、発送予定日を決めて、管理ボードにマーカーで記入します。

作業が完了したら、完了日を記入し、「済」のマグネットを貼ります。作業中は「○」です。伝票を綴じるクリップは、締め日を表示して管理ボードに挟めるように工夫しました。請求書の確認が終わったらこのクリップで綴じて、発送待ちの保管場所に置きます。クリップは発送完了後、管理ボードに戻すルールを設け、クリップで作業の完了が確認できるようにしました。

請求書の仕掛伝票を保管する場所は、手順に連動できる置き場にし、手順番号と仕掛の状態、作業手順を表示し、誰でも保管場所で作業の流れがわかり、進捗状況が判断できる置き場にしました。お客様の締め日に合うように作業がきちんと進められているのか、皆でチェックできますし、担当者も計画的に仕事をするようになり、ミスもなくなったそうです。

## 仕掛伝票の5S例

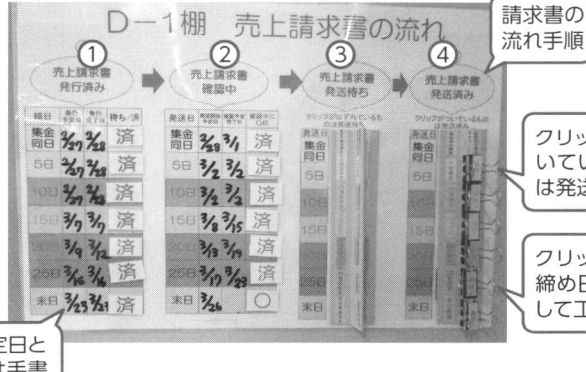

・売上請求書の流れ

請求書の流れ手順

クリップがついているものは発送済み

クリップには締め日を表示して工夫

作業予定日と完了日は手書

↓

・仕掛請求伝票の保管キャビネット

請求書の保管場所

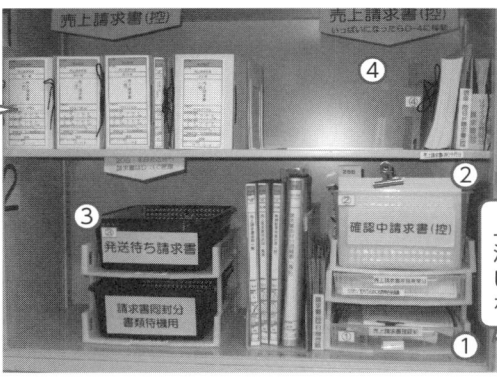

上図の請求書の流れ手順と一致した置き場表示をした

**POINT** 作業の流れを進捗状況がすぐに判断できるので、締め日に間に合うよう計画的に業務に取り組めるようになった

# 事務用品在庫置き場の5S成功事例
(ヤンマー株式会社 特機エンジン事業本部)

●5Sのアイデア出しでチーム力も高まる

ヤンマー株式会社 特機エンジン事業本部では、ムダを徹底的に排除し、さらに収益性を高めるために、今まで個人持ちにしていた事務用品や消耗品は、毎日よく使用する物以外は共有事務用品置き場を設置し、部門で管理するようにしました。

各部門の共有事務用品置き場の責任者は、限られたキャビネットのスペースを有効に活用するため、階段方式の棚や、先入れ・先出しができるオリジナル容器を製作するなど独自のアイデアを出して、各部門ご自慢の共有事務用品在庫置き場を完成させました。

もちろん、ワンストック管理で最大在庫量、発注量、発注点(最小在庫量)を決めて、現場現物による発注点・補充点管理も確実になりました。

しかし、当該事務所のフロアには、3部署、8グループが執務しており、各々のグループで共有事務用品在庫管理を行っていたため、しばらくすると、事務所のあちらこちらに、ほとんど同じ事務用品・消耗品が置かれることになり、スペースも管理工数も在庫も重複して多くのムダが発生していたことに気づきました。

そこで、各グループの推進リーダーが集まり、部門管理からワンロケーションでフロア管理することになりました。各グループで製作した独自の容器は活用することにして、皆で協力し、さらにアイデア満載の事務所共有の事務用品置き場が完成しました。

部門管理からフロア管理にした結果、管理工数や在庫数が少なくなり、前年度より約100万円の経費削減が実現しました。さらに、空いたスペースを打ち合わせコーナーとして有効利用しています。

この事例で特筆すべきは、部門の壁を越えて、皆で意見やアイデアを出し合い、一体になって5Sを推進したことで、部門を越えた本当のチームワークが生まれたということです。また、皆の共有事務用品置き場という意識があるため、思いやりの心を持って維持管理するよう運用ルールが守られています。

# 事務用品在庫置き場の5S例

・共有事務用品在庫置場

発注点・補充点カード入れ

ここに来れば必要な
事務用品が全て手に入る

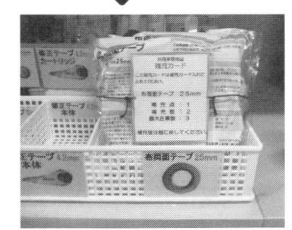

現物での補充点管理

見やすく取り出しやすい置き方の工夫

・個人の壁、部門の壁を乗り越えたフロア管理へ

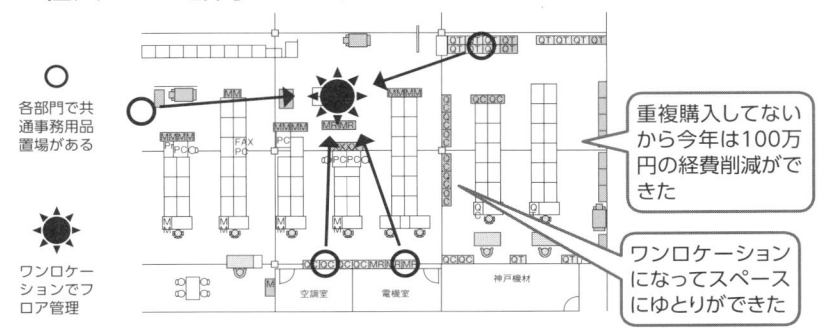

○ 各部門で共通事務用品置場がある

☀ ワンロケーションでフロア管理

重複購入してないから今年は100万円の経費削減ができた

ワンロケーションになってスペースにゆとりができた

**POINT** 〝皆の共有スペース〟という意識があるので、5Sの運用ルールが守られている

# 複合機を中心とした共有ワークエリアの5S成功事例
（ヤンマーエンジニアリング株式会社）

## ●取引先にも自信を持って紹介できる職場づくり

ヤンマーエンジニアリング株式会社では、自社エンジン搭載の外航船の安全運航を陸から見守る遠隔監視ルームの拡張と、事務所をさらに快適で仕事をしやすい環境にするために、事務所の5Sの整理完了後、大幅なレイアウト変更を行いました。

従来は、どちらかと言うと個人机とキャビネットで窮屈な印象の事務所でした。レイアウト委員会を発足し、メンバーで「こんな事務所にしたい」と要望を出し合い、そのために必要なスペースを確保することを目標に、書類と物の整理を行いました。最終的には、大型のキャビネットが17つも空になったそうです。それらを全て撤去することでレイアウトの変更が可能となり、監視ルームの拡張だけでなく、皆の願いがかなった事務所に変身させることができました。

中でも、共有ワークエリアはメンバーの要望の一つでした。全員が使いやすいように、事務所の中央に設置することで、明るく広々とした事務所になりました。

共有ワークエリアは、複合機と作業台と事務用品・消耗品の置き場所をワンロケーションにした場所です。コピーを取った後に行う仕分けや、ステープラー（ホチキス）やクリップ留めなどの作業が、自分の席に戻らずにその場でできるように隣接して設置しました。

作業台は2段にし、下段には大型のステープラー（ホチキス）やパンチをワンアクションで作業できるように配置し、上段にセロハンテープ、梱包用紐、ティッシュボックスなどちょっとあると便利な物を定置し、補充する事務用品やコピー用紙もワンロケーションで配備しました。

作業者はあちこちに行ったり来たりすることがなくなり、広々とした作業台で作業もしやすく、業務効率アップです。共有ワークエリアの管理者は、どこに何があるか、何を発注、補充しなければならないかが、見渡せばすぐにわかるため、管理がとても楽になりました。

また、お客様にも自信を持って事務所の5Sの状況を紹介することができるようになったそうです。

## 共有ワークエリアの5S例

事務用品・消耗品の在庫置き場

広々とした作業スペース

・立体的な置き方で作業スペースを確保

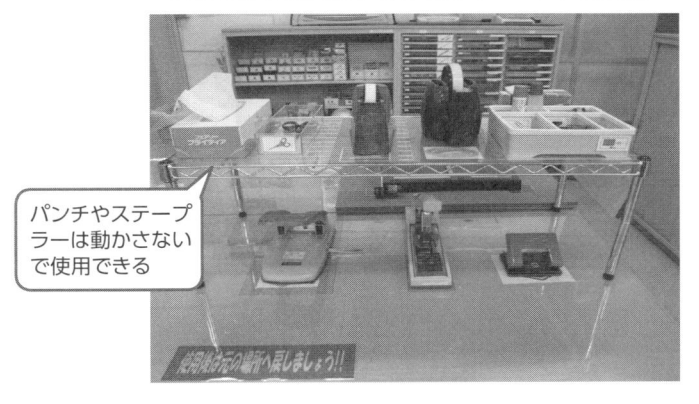

パンチやステープラーは動かさないで使用できる

**POINT** 自社での5Sの取り組み状況をお客様に紹介できるようになった

# 共有梱包作業場の
# 5S成功事例

（富士電機株式会社東京事業所　機器生産センター）

● 移動可能な共有梱包作業場

富士電機株式会社　東京事業所　機器生産センターは、「2S3定」活動として事務所の5Sを推進しています。

この会社は、大量の図面や仕様書を使用しながら行う業務が多く、個人机は仕掛図面や書類で占有されてしまいます。また、作成した書類やサンプルを取引先へ送付する仕事が頻繁にあり、発送作業の度、自分の机の仕掛図面や書類をいったん片づけなければなりませんでした。時間のムダが生じるだけでなく、発送書類に別の書類が混入してしまう危険もあります。

こうした状況を変えるため、個人机は、主要業務に専念できるスペースとして確保し、付帯作業は共有場所で行うことができるように5Sを推進しました。

共有梱包作業場は、その成果の一つで、コピー機に隣接する通路に面した場所に設置。作業台の上はできるだけ広々したスペースを確保しました。

梱包作業には、作業台、梱包副資材（ダンボール、緩衝材、梱包袋、梱包紐、ガムテープ）、委託先別の送り状、ラベル、シール類、ステープラー（ホチキス）、パンチなどたくさんの種類の用品が必要です。

梱包用品の保管スペースと十分な作業スペースを確保するために、パイプを利用した手づくりの棚・カゴ付きの作業台を製作しました。

送り状は、宛先を印字したたくさんの種類の送り状を中仕切りで区分けし、さらに見やすく傾斜置きにしました。注意ラベルやシールも種類別に分類しました。

緩衝材やダンボールは、キャスター付きのカゴに置いてあります。移動が簡単なので、出し入れも楽になりました。発送時に必要な事務用品は、ワンベスト姿絵置きにしましたので、戻す場所が一目でわかり、なくしたりすることはありません。

また、キャスター付きの梱包作業台ですので、事務所内のレイアウト変更や、建て屋内での引越しがあっても簡単に移動することができます。

## 事務用品在庫置き場の5S例

共有梱包作業場（全景）

傾斜置きで見やすく、探しやすく、取り出しやすい送り状

梱包時に必要な事務用品が揃っている

**POINT** 梱包専用のスペースを設けることで発送作業の時間のムダやミスがなくなった

# 7 OA機器の貸出し管理の5S成功事例
（ヤンマーエンジニアリング株式会社）

ヤンマーエンジニアリング株式会社では、モバイルパソコンや付帯機器を出張者に貸出しています。従来は、コンピュータで貸出し予約をしておりましたが、貸出ししたものを予定どおり返却されているのかチェックするのに、コンピュータの予約情報を確認する必要があり、管理が面倒でした。

● ワンロケーションの貸出し管理

OA機器の貸出しの管理工数の削減と、期限どおりに戻す意識を徹底するために、OA機器の貸出し管理の5Sを行いました。

貸出し対象のOA機器を種類別に分類して、貸出し数量を特定し、周辺機器などとともにワンロケーションで貸出しができるOA機器関連置き場を設置しました。

モバイルパソコンなどの貸出し品は、パソコン本体とアダプタ、マウスなど必要な付属品をパソコンケース（袋）に収納し、管理番号を付与して配置しました。

各々の現品には機器名と管理番号の札をつけて、所定のケース（袋）にきちんと戻せるようにしました。ケーブル類やアプリケーションソフトは、容器に仕切り板で区切って姿絵置きにしました。これらにも管理番号を付与して管理します。全てのOA機器に対して、大きな位置表示を徹底してありますので、戻す場所が一目でわかります。

● セルフサービス化でたくさんのムダが削減された

貸出し品の期限や、貸出し方法のルールを決め、キャビネットの扉に貸出し品ルールと貸出し票を表示します。誰かに尋ねたりすることなく、セルフサービスで借りることができ、管理の手間が削減しました。

また、キャビネットの貸出し品が置かれた棚の位置を見れば、誰に、何が、いつまで貸出されているのかが一目で判断できるように、貸出し票を置きました。担当者間で貸出し期間の調整がしやすくなり、返却遅れもなくなったそうです。

また、OA機器関連がワンロケーションでまとめて管理されているので、探すムダもなくなりました。社員からの評判は上々のようです。

# 貸出し管理の5S例

パソコンの管理番号を表示

OA機器貸出品置き場

見やすく、取り出しやすく、戻しやすいワンベストの置き方

OA機器に関連する周辺機器はワンロケーションで管理

誰が借りているか、いつ返却するか一目でわかる貸出し票

**POINT** 貸出しのルールを設けることで、返却の遅れもなくなり、管理の手間が削減できた

# 製品カタログ置き場の5S成功事例
（AGCマテックス株式会社）

## ●5Sの工夫で商機を逃さない

AGCマテックス株式会社では、どんなときでもお客様への感謝の気持ちと心配りを忘れないという目的で、「5S・ブランドアップ計画」活動を推進しています。

カタログは、重要な営業ツールです。営業マンは、お客様と商談をするときは、商品カタログをお見せしながら提案内容を説明します。

5Sを始める前は、カタログはあちこちの棚に平積みされており、訪問時の商談準備をする際に、カタログを探すことに多くの時間を費やしていました。また、大量の在庫がある商品カタログもあれば、今必要なのに在庫切れの商品カタログもありました。

そこで、商品カタログ在庫をワンロケーションで管理することにし、商談室、会議室に隣接した場所に製品カタログ置き場を設置しました。

カタログの保管棚には、扉の前面に数枚のカタログを差し入れておき、扉を引き上げると当該カタログの在庫を入れることができる専用棚を使用していました。しかし、前面に差し入れたカタログは、長期間入れておくと折れ曲がってしまったり、ホコリがついて汚くなってしまいます。そこで、カタログ専用棚の運用方法を改善することにしました。

ムダを省き、さらに在庫切れを防ぐための工夫として、まず、カタログ専用棚の前面には、カタログは差し込まないで、ラミネートした商品カタログの表紙を表示し、品種別に配置し、現物は、棚の中で管理することにしました。以前より、きれいで見やすく、探しやすくなりました。

棚の中の棚板には、商品カタログ名を表示して、すぐに見つけ、取り出すことができるよう工夫しました。また、主要商品のカタログが在庫切れになっていることが少なくありませんでしたが、隣に商品カタログの在庫を置くストックキャビネットを配置し、商品カタログ専用棚と同じ配置にすることで、カタログ専用棚に在庫がなくなった場合、すぐに補充できるようにしました。

## カタログ置き場の5S例

**商品カタログストック メイン商品** / 管理番号62 共通 直野

**商品カタログ メイン商品** / 62 共通 直野

カタログ在庫置場（全景）

扉を置けると必要なカタログがある

保管場所は写真で確認できる

補充管理で欠品で慌てることがなくなった

補充量や補充位置、運用ルールが表示されているので隣の在庫置き場からセルフサービスで補充できる

**POINT** 製品カタログの在庫切れで商談の機会損失もなくなった

# 商談室兼会議室の5S成功事例
（大信産業株式会社）

● 商談室や会議室がショールームに

大信産業株式会社では、「見える化運動」として、職場のムダを徹底的に排除し、仕事の標準化と情報の共有化を図り、お客様に感動と驚きを与える事務所の5Sを推進しています。

商談室兼会議室は、お客様をお招きする場所です。商談や打ち合わせを行うために、必要な物しか置かずすっきりと広々した部屋にしました。

商談室兼会議室の中で、一番のご自慢は、入口付近に設置した主力製品である二輪車および四輪車用ブレーキ製品のサンプルコーナーです。5Sを始める前も製品サンプル置き場はありましたが、ただ並べているだけで、ショールームにはなっていませんでした。そこで、製品を機能・カテゴリー別に配置し、製品名だけでなく特性を表示して、お客様に説明できるようにしました。お客様に製品を理解していただきやすく、商談もスムーズに運ぶようになったそうです。

さらに、お客様に主力以外の製品にも興味を持っていただく機会が増え、売上増大に貢献しています。営業マンは、サンプル1点1点を、心を込めて清掃するようになりました。

また、室内のホワイトボードの横に、台と容器を設置し、マーカーやイレーザーをワンベスト姿絵置きにしました。容器を上げ底にし、取り出しやすい工夫もしてあります。また、マーカーが途中で書けなくなっても困らないように、予備も各色1本確保してあります。マーカーカスによる手の汚れもなくなり、掃除もしやすく、商談室兼会議室はいつもピカピカです。

さらに、ハンガーも工夫しました。各ハンガーに番号を表示し、ハンガー掛けにも番号をつけ、位置表示をして、いつも所定の場所に戻るようにしました。また、室外に持ち出した場合も、戻っていないことが一目でわかりますので、行方不明になることはなくなりました。

このような地道な改善の積み重ねで、お客様に感動と驚きを与える事務所に変身することができました。

## 商談室・会議室の5S例

商談室兼会議室（全景）

商品サンプルコーナー

お客様に自社製品をご紹介しやすくなった。お客様も他の製品に興味を持ってもらえるようになった

ホワイトボードのマーカーやイレーザーはボードの横に設置しました。手の汚れを気にすることがなくなった

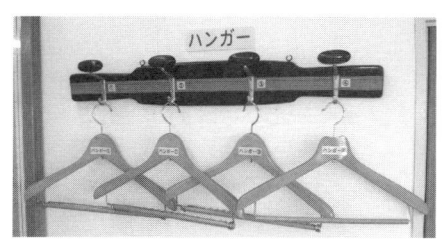

ハンガー1本にも現物表示と位置表示をした。お客様が感動されていた例

**POINT** 3カ月ごとに幹部自らが5Sのルールが守られているかどうかを点検する

# 10 給湯室・食堂の5Sの成功事例（大信産業株式会社）

給湯室や食堂は、5Sを実施していない会社も多いですが、大信産業株式会社では、会議室、図書室、サーバー室、給湯室、食堂など全ての部屋を対象に、5Sを推進しています。

## ●「職場の隅々まで清潔」をめざす

特に、給湯室や食堂は、皆で使用する場所であり、衛生面でもいつもきれいに保たれていなければなりません。そのために、食器棚、引き出しの中、流し台の下に置かれていた全ての物を取り出し、置きっぱなしになっていた不要物を全て撤去し、一斉清掃を行いました。

食器棚は、社員用と来客用と分けました。湯のみ、コーヒーカップ、グラスは、保有数量を決め、種類別に棚領域を設けました。各領域からはみ出さないようにテープで区画線を引き、品名、数量を表示しました。そうすることで、いつもきちんと配置されているだけではなく、保有数が一目で判断できますので、来客数に応じて

器の準備がしやすくなりました。

流し台の下は、清掃はあまりされません。特に見えない箇所のため、たくさんの同じ種類の洗剤が乱雑に放置されたりしがちです。同社では、流し台の下の棚の5Sも徹底しました。食器用、ふきん用、テーブル用など用途別に必要な洗剤の種類を特定し、ワンストックで管理するようにしました。流し台の下の奥の方は見えにくく取り出しにくいので、階段方式の棚を手づくりしました。

冷蔵庫の中も5Sをします。調味料はポケット棚に保管場所を確保し、位置表示をしたところ、1本を使い切るようになり、賞味期限切れで廃棄することもなくなりました。個人の飲みかけの飲料水は、ボトルキープ札をつけて所有者を明確にしました。冷蔵庫が飲みかけの飲料水で満杯状態になることは解消され、冷蔵庫の中は隅ずみまで清掃できています。

清掃は当番制で、どこを、いつ、どのように清掃をするか清掃ルールが決まっていますので、誰が当番でもいつも衛生的でピカピカの給湯室・食堂が保たれ、気持ちよく利用することができます。

## 給湯室・食堂の5S例

給湯室（全景）

配置写真を表示。コーヒー、紅茶、煎茶用の食器を棚で区分しているので準備がスムーズ

食器棚は来客用と社員用で分けた

来客用のカップも整理・整頓。保有数量も一目でわかる

戻す場所がわかるように位置表示

奥の方が見づらいので階段を設置

持ち主がわかるように名前付きゴムバンドでボトルキープ

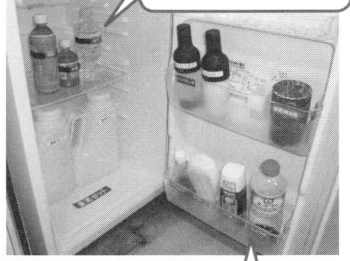

流し台の下も5Sを実施。必要な洗剤もワンベスト管理。いつも清潔

冷蔵庫の中も5Sが必要。みんなきれいに使用するようなった

置き場所を表示してワンストック

**POINT** 5S規準ボードを設置し、当番で全員が清掃、点検している

# 物流部門のファイリングシステムの成功事例
（旭硝子株式会社 愛知工場）

● 大量の書類も効率的に処理できるしくみ

旭硝子株式会社 愛知工場の物流部門のファイリングシステムを紹介します。物流部門は、生産拠点別、輸送先別に仕事の担当分けがされており、毎日、大量の伝票や書類を処理しなければならない忙しい職場です。

ファイリングシステムを構築する以前は、担当者が仕事のやりやすいようにファイリングし、保管場所のルールも曖昧でした。どちらかと言うと、担当者任せの属人化した仕事のやり方、書類の管理方法で、潜在化した問題点も少なくなかったはずです。

同社がファイリングシステムに着手するにあたり、構築目的を次のように設定しました。

① 誰が、どのような仕事を分担しているのかわかる
② 誰もが問い合わせにスピーディに対応できる
③ 情報の共有化が図られる
④ 書類の移管が簡単にできる

職場全員で相談し、自分が担当している業務や書類の棚卸しを行い、物流部門のファイリングシステムの体系をつくりました。その仕事のプロセスを明確化して、ファイリングシステムの体系をつくりました。

同社は、大量の書類をどのように保管し、廃棄のサイクルをいかに簡単に回すことができるかが課題でした。事務所スペースも、キャビネット本数も限られています。そこで採用したのが、背表紙を変えずにファイルの中の書類のみを移動していくしくみの循環ファイルです。

輸送管理のために書類を頻繁に確認する期間は3カ月間なので、保管期間を3カ月の循環ファイルにしました。

背表紙は、スペースを取らずに、当該月が判断でき、探しやすくなるよう工夫しました。具体的には、準備したファイル4冊に対し、1月～12月分の12枚の背表紙を作成しました。1冊のファイルの背の部分に4カ月おきの3枚の背表紙（例：1月、5月、9月）を重ねて入れておきます。3カ月経過して廃棄時期になったファイルは、中の書類を廃棄し、前面（例：1月）の背表紙を抜き、3枚の背表紙の一番後ろに移します。前面は4カ月後（例：5月）の背表紙に変わります。

期間循環ファイルを活用することで、書類の移管も簡単になり、事務所内のキャビネットもすっきりしました。

## ファイリングシステムの5S例

**物流ファイルのキャビネット**

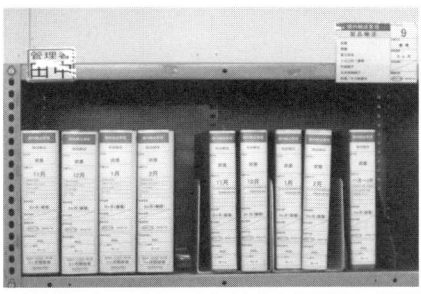

事務所のキャビネットには3カ月保管。循環ファイルで簡単に移管することができた

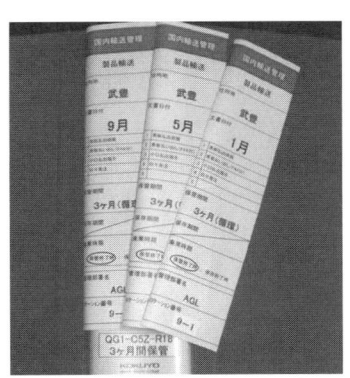

↓

背表紙の裏には2枚の背表紙が待機している

**POINT** 毎日発生する大量の伝票や書類もルール化すれば管理しやすくなり、誰もが問い合わせに対応できるようになった

## COLUMN 8

### "ご自慢の場所" と "お気に入りの場所"

　8章では、各企業の成功事例を紹介しました。ここで紹介した場所を各社では、"ご自慢の場所"と呼んでいます。

　"ご自慢の場所"とは、5S担当者が、「思いやりの心」「気配りのこころ」をもって、見やすく、取り出しやすく、戻しやすく、作業しやすい置き場所、置き方、表示を工夫した一生懸命取り組んだ5Sの場所です。見学者にも工夫した場所をきちんと説明できます。

　一生懸命取り組んだ5Sは、達成感と自信が溢れており、輝いています。5S担当者は、5Sが崩れないように崩さないようにいつも気にかけており、チェックする頻度も多くなります。また、使用する人たちも、使いやすさを実感しますので、元の場所に必ず戻しますし、大事に使用します。使用する人たちにとっては、"お気に入りの場所"になります。

　だから、"ご自慢の場所""お気に入りの場所"は、5Sが崩れることなく維持・定着化できるのです。

　あなたの職場には"ご自慢の場所""お気に入りの場所"がいくつありますか？

# 9章 5Sがうまくいく推進の方法

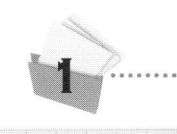

# 1 5Sはトップダウンで推進

●事務所の5S成功のポイントはリーダーシップ

事務所の5Sは、トップダウンで推進しなければ成功しません。5Sは、事務所で発生している多くのムダを削減し、仕事がしやすく快適な職場をつくること、人財づくりが目的です。社長、役員、部長が事務所の5Sをやろうと決断してキックオフし、業務の一つとして推進することが成功のポイントです。

5Sのスタート期は、**社長や役員が5S推進委員長、部長や課長などの管理職が推進リーダー**として、トップの率先垂範で実施する推進体制をつくることをおすすめします。半年もしくは1年経過したら、メンバーチェジもOKです。

5Sは誰でもできるように思われていますが、職場全体を取りまとめ、やりたくない人にやってもらうには、強い意志とパワーとリーダーシップが必要です。新人や入社2〜3年目の若者の指示には、ベテランの人たちはなかなか従うことはないでしょう。だからこそ、トップが率先垂範で5Sを行って、会社全体、職場全体を風通しよい活性化した職場にしていきましょう。トップや管理職のやる気と強力なリーダーシップは、5S活動に必ず表れます。

●5Sは全社一丸となって取り組まなければ進まない

工場の製造現場は、改善活動を行う風土がありますが、事務所においては、これまで改善活動はあまり行われてきませんでした。もし、有志の人が5Sをやり始めても、周りの人は関心を持たないし、5Sをやるより仕事をやれと叱れてしまうこともあったかもしれません。また、5Sをやってきれいになっても、5Sをやっていない人たちによって崩されてしまうこともあります。

事務所の5Sは、**会社全員で取り組むことが必要**です。5Sは改善活動の一つです。しかし、事務所には、5Sを十分に理解せずに5Sをやらない人、やりたくないと思っている人がいます。また、出張や多忙を理由に5Sに取り組まない人も多いです。自分の仕事だけを優先し、5Sは時間が空いたら実施しようなどと考えていたら、いつまでたっても進みません。多忙な職場であればなおさらです。

## トップダウンの推進体制

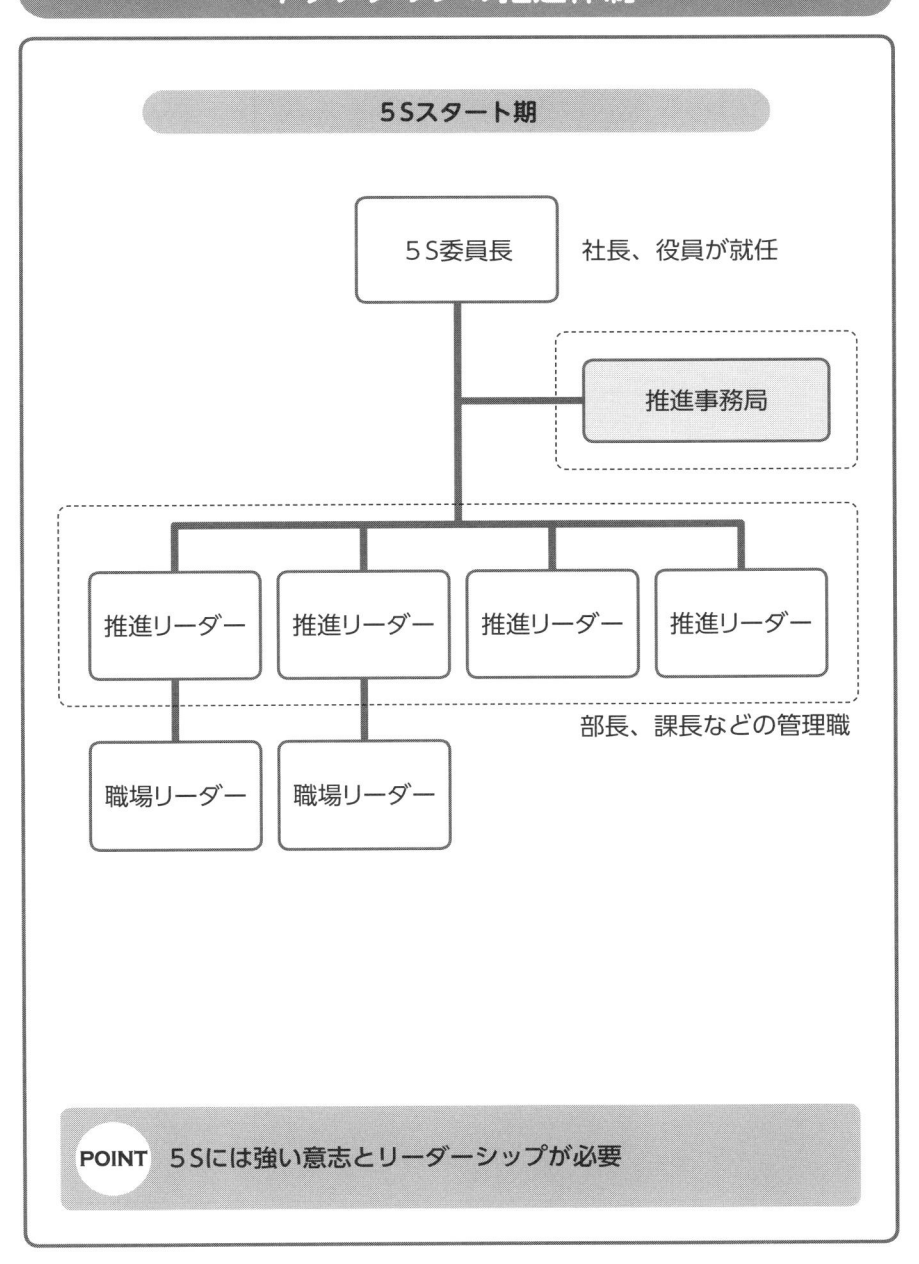

### 5Sスタート期

```
        5S委員長 ─── 社長、役員が就任
           │
           ├──── 推進事務局
           │
    ┌──────┼──────┬──────┐
  推進リーダー 推進リーダー 推進リーダー 推進リーダー
    │      │
  職場リーダー 職場リーダー
```

部長、課長などの管理職

**POINT** 5Sには強い意志とリーダーシップが必要

# 2 推進事務局がキーマン

## ●5Sは楽しくやる環境づくりが大事

5Sを成功させるために、トップが最初に行う一番重要なことは、**推進事務局の設置と選任**です。

推進事務局が、トップの意向を受け、中間管理者層と意思の疎通を図ること、そして、各職場内で5Sを進めるしかけをして成果に結びつけることが5S成功の鍵になります。

いくらトップが5Sをやろうと言っても、5Sなんてやりたくないと思っている社員は多いはずです。"やらされ感"でいやいや5Sをやっても成功しません。

5Sは楽しくやることが一番です。楽しくやるには、推進事務局の力が重要です。誰が推進事務局になるかによって、明るく楽しい活動になるかどうかが決まります。推進事務局は、明るく元気で、積極的で粘り強い人が適任だと思います。5S活動で良好なチームづくりをしましょう。

推進事務局の役割は、5Sをやりやすい改善環境にするための縁の下の力持ちです。不要品の置き場を設置したり、容器を準備したり、順調に推進されているかどうかを把握するために各職場を巡回したり、相談にのったり、コンクールや評価会などのイベントを企画・開催したりするのも推進事務局の仕事です。

## ●抵抗勢力を味方にするのも推進事務局の任務

また、5Sを進める上での抵抗勢力は、どの会社でも必ずいます。推進リーダーと連携し、抵抗を弱め、前向きな考えに変えていくのも推進事務局の仕事です。

当然、通常業務をこなしながらですので、物理的にも心理的にも大変です。ただ、他の職場の事務局の人たちとの交流があれば、推進しやすくなります。はじめは交流がなくても、やりがいを持って取り組むうちに徐々に交流が深まり、会社全体の5Sが加速されていきます。

事務局は非常にやりがいのある仕事です。会社全体の業務の流れや特性を知ることができるチャンスです。抵抗勢力を見方にする努力をすることで、人を動かし、組織を動かす力を身につけることもできます。

## 5S推進体制の役割の例

| | 役　　割 |
|---|---|
| ５S委員長<br>（社長・役員） | ・５Sに関する一切の責任と権限を有し、トップダウンで５Sを推進する<br>・５S推進方針を決めて、業務の一環として５Sを推進できるように、経営資源を提供する<br>・定期的にトップ巡回を行う |
| 推進リーダー<br>（各部門長） | ・部門の５S推進の責任と権限を有し、５S委員長方針や会議での決定事項を部員に周知する<br>・率先垂範で部門の５Sの促進を図る<br>・部の５S点検・指導を定期的に行う |
| 職場リーダー | ・推進リーダーを支える右腕<br>・部門の５Sが楽しく、チームワークよく、促進するようにアドバイスする |
| 推進事務局 | ・推進体制（案）をつくり、５S委員長と相談の上決定する<br>・推進エリア（案）をつくり、５S委員長と相談の上決定する<br>・５Sが全社活動として活性化するためにスローガンや川柳などを社員から募集し、社内外へ周知する<br>・各種イベント（５Sコンクール、５Sニュース、見学会）を企画、実行する<br>・５S活動を進めていく上で、必要な道具などの手配、廃棄場所の確保などの準備をする<br>・５S目標と活動計画を作成し、５S委員長、推進リーダーへ周知する<br>・必要に応じ５S委員会を開催する<br>・各職場の進捗状況をチェックする<br>・各職場からの質問窓口　　など |

# 3 5S推進エリアは公平に分担し全員参加で

## ●まずは5Sの担当エリアを決めよう

個人机の5Sはするけれど、他の共有場所はやらないとなると、職場全体がきれいで快適な職場にはなりません。個人机、共有のエリア、共有キャビネット、会議室、書庫など事務所の全ての場所が5Sの推進対象です。

全員で共有の場所の5Sを実施しようと決めても、誰かがやってくれるだろうと思っている人、指示待ちの人、やろうと思う意思はあっても周りの様子をうかがっている人などがいます。もしかしたら、そういう人がほとんどかもしれません。

そこで、事務所のどの場所・箇所を、どの部署が担当するのかを決める必要があります。共有の場所は、総務がやることなどと決めつけていないでしょうか？ 共有の場所は、全員が使用しているはずです。

業務負担と配置人員を考慮して、公平に推進エリアの分担を決めることも5S成功のポイントです。

## ●お互いの担当箇所は褒め合おう

自分が分担する5Sの推進エリアが決まった部署は、コピー機の周辺は誰が担当、このキャビネットは誰が担当と主担当を決め、全員が分担できる態勢で5Sをスタートします。

5Sに取り組み始めたら、1週間あるいは2週間に1回程度、自部署全員で5Sの進み具合や成果をチェックし、進んでいるところや遅れているところ、良い点や改善点などを指摘し合いましょう。そのときに大切なことは、なるべくお互いの担当した箇所の良い点を見つけて、「すっきりしたね」「良くなったね」「すごい変化」「見やすいね」「使いやすそう」などと褒め合いましょう。ちょっと照れてしまうかもしれませんが、社員同士のコミュニケーションが良好になり、チームワークも強くなります。

また、自分が担当した推進エリアは、責任感がありますので、崩さないように日頃から気にかけます。また、他の人が担当した場所や箇所も5Sを崩さないように心がけて全員で使用するようになります。

全員で分担して力を合わせた5Sは、達成感と自信がつき、高いレベルが維持できます。

# 推進エリアを設けよう

・5S推進エリアマップ

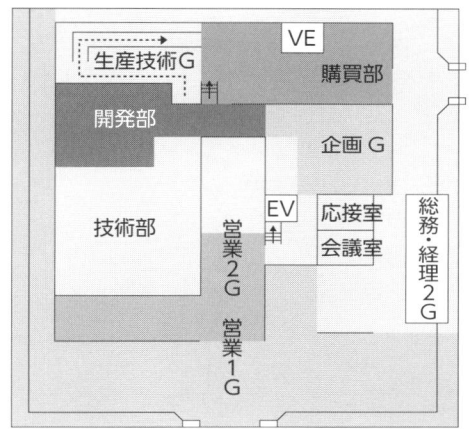

```
[フロアマップ]
生産技術G / VE / 購買部
開発部 / 企画G
技術部 / 営業2G / EV / 応接室・会議室 / 総務・経理2G
営業1G
```

(注：Gは推進エリア・グループの略)

↓

・購買部の推進分担マップ

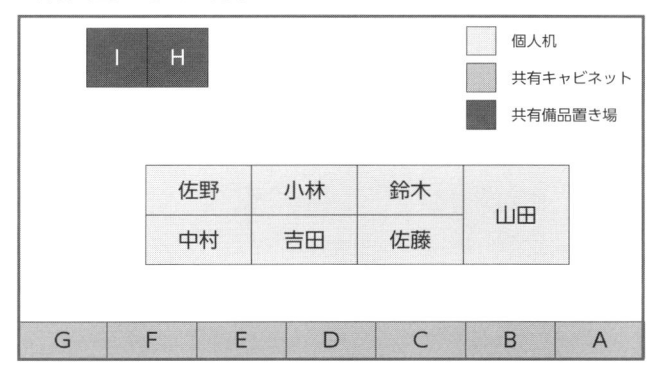

| 凡例 | |
|---|---|
| □ | 個人机 |
| ▨ | 共有キャビネット |
| ■ | 共有備品置き場 |

座席配置：
- 上段：I, H（共有備品置き場）
- 中央：佐野／中村、小林／吉田、鈴木／佐藤、山田
- 下部列記号：G F E D C B A

**共有場所分担**

| | |
|---|---|
| 山田さん | A |
| 佐藤さん | B |
| 井上さん | C |
| 中村さん | D |
| 鈴木さん | E |
| 小林さん | F |
| 佐野さん | G |
| 中村さん | H |
| 井上さん | I |

**POINT** 5S成功のポイントは、推進エリアの分担を決めること

# 4 あるべき姿を描こう

## ●事務所の問題点に気づいたら5Sで改善していこう

5Sの成功の秘訣は、一人ひとりが事務所で発生している具体的な問題点を認識し、その解決の手段の一つとして5Sを活用することです。

事務所には、たくさんの問題点が潜んでいます。すぐにお客様に回答しなければならないのに、必要な書類を探せなくてイライラしたり、発送作業をするために事務所内を行ったり来たりしてムダな動作を繰り返したり、山積みの決裁書類をいつになったら承認してくれるか待ちぼうけになっていたりしませんか？ これが当たり前と思っていたら、やりがいのある、快適な職場にはなりません。この機会に、自分の席を含め、職場内を見渡しましょう。

また、上司や同僚、後輩の動きや対応している姿を観察してみましょう。さまざまなムダな動作や問題点に気づくはずです。そして、もっとこういう事務所だったら仕事がやりやすいと思うはずです。思っていても言い出す勇気もなく、言っても改善してもらえないなどと諦めないでください。

## ●5Sは誰のためでもなく自分のために行う活動

トップダウンで推進する5Sは、今までできなかったこと、やりたかったことを解決できる絶好のチャンスです。置き場所を入れ替えたらもっと仕事がしやすいし、こんな置き方にしたら探しやすく、取り出しやすいなど、気づいたアイデアを出し合い、**事務所のあるべき姿**を描き、5Sを推進する目的と目標をしっかり理解しましょう。

あるべき事務所の姿を目指し、自分たちの手で事務所を変えていってください。5Sは、誰かのために行う活動ではありません。自分の仕事をしやすくして、自分の仕事を価値の高い仕事にしていく活動です。問題が多かったり、風通しが悪く停滞したムードの職場に身を置いていることは、自分の成長が阻害されているのだと認識しましょう。

さらに、5Sは、自分の職場のチームワークをよくして、もっと儲かる会社にするための活動です。あなたが描いたあるべき姿の事務所は、5Sで必ず実現します。

## あるべき事務所のイメージ

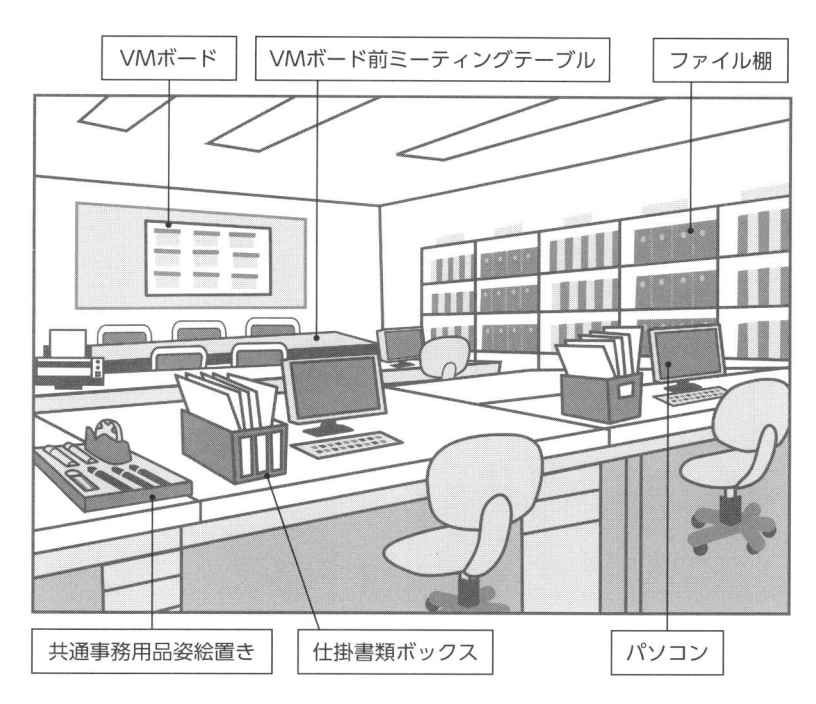

- VMボード
- VMボード前ミーティングテーブル
- ファイル棚
- 共通事務用品姿絵置き
- 仕掛書類ボックス
- パソコン

※VM（Visual Management）ボード：日常業務及び目標管理など管理の状態を見えるようにしたボードのこと

**POINT** 5Sを推進する目的をしっかり理解すれば、必ずうまくいく

# 「5Sの心」を持とう

## ●全員が5Sの効果を実感できるようにしよう

事務所の5Sを成功させるポイントは、一人ひとりの意識が変わることです。社長が5Sをやると宣言したので、しかたなく5Sを行っている、という人は必ずいます。思っていることは、行動や表情にも、5Sの成果にも表れますから、熱心に取り組んでいる人は不快に思い、チームワークもコミュニケーションも悪くなってしまいます。

5Sを推進するには、時間と労力とお金が必要です。せっかく5Sを推進するからには、前向きに取り組みましょう。気持ちがラクになって、考え方も前向きになり、他のメンバーとの関係も良くなります。結果として大きな成果にも結びついて、5Sをやってよかったと思うはずです。

## ●5Sができている会社は品性が高い

5Sに取り組むためには、次の行為や考え方を封印しましょう。

- ・思いつき
- ・成りゆき
- ・言われるがまま
- ・中途半端
- ・やみくも
- ・自分は特別
- ・誰かがやってくれる
- ・やってもムダ
- ・やりっぱなし

そして、事務所の5Sの心を持つことです。5Sの心とは、以下のような心を指します。

- ・思いやりの心……次に使う人のために元の場所にきちんと戻す、補充する心
- ・気配りの心……工夫、アイデアの心
- ・物を大切にする心……ワンストックの心
- ・時間を大切にする心……ワンアクションの心
- ・協調心……チームワークの心
- ・自律心……率先垂範の心
- ・道徳心……ルールを守る心

5Sの心を持って推進すると、時間意識、原価意識、規律意識、問題意識、改善意識、意識改革が図られます。5Sができている職場は、品性の高い職場と言えます。あなたの職場も品性の高い職場にグレードアップしましょう。

## 5Sの心と意識

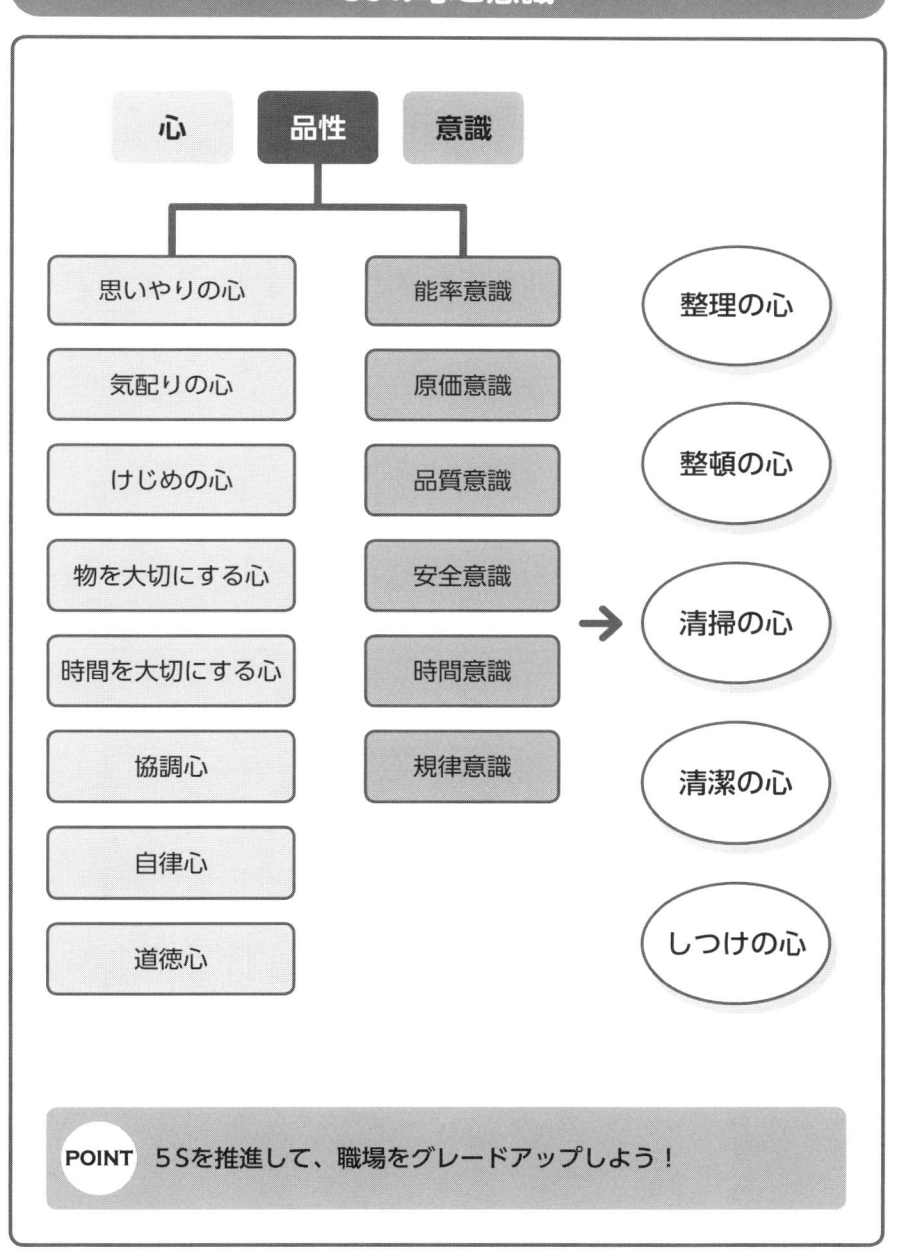

```
         心      品性      意識
                  │
        ┌─────────┴─────────┐
```

| 心 | 意識 |
|---|---|
| 思いやりの心 | 能率意識 |
| 気配りの心 | 原価意識 |
| けじめの心 | 品質意識 |
| 物を大切にする心 | 安全意識 |
| 時間を大切にする心 | 時間意識 |
| 協調心 | 規律意識 |
| 自律心 | |
| 道徳心 | |

→
- 整理の心
- 整頓の心
- 清掃の心
- 清潔の心
- しつけの心

**POINT** 5Sを推進して、職場をグレードアップしよう！

# ステップバイステップで成果を実感しよう

## ●5Sは6カ月単位で段階的に進める

事務所の5Sは、社長が宣言・実行することは難しいものです。短期間であるべき姿を実現することは難しいものです。特に、業務をやりながらの5Sは、思うようには進みません。焦らずに、目標を設定して計画的に、着実に推進することが5S成功への早道です。

5Sは、導入期、成長期、定着期と6カ月を単位として、段階的に推進すると進化が見えます。

### ①5S導入期……60点レベルを目指す

まずは、トップダウンの下、全員参加で5Sをスタートします。5Sは、推進手順に従って進めます。事前準備に約1カ月、整理に約2〜3カ月、整頓に約2〜3カ月をかけ、6カ月目頃から清掃完了後から整頓に約2〜3カ月をかけ、6カ月目頃から清掃に着手します。60点レベルの5Sとは、職場に置かれた物は、徹底的に表示し、必要な物が、誰でもいつでも使え、所定の場所に戻せる職場です。実際に5Sをやると、便利だと気づき始めるポイントです。

### ②5S成長期……70点レベルを目指す

次の6カ月間は、成果が見られる職場を目指します。ファイリングシステムはこの時期からスタートです。

5Sによって便利になりましたが、この置き方は使いにくい、こちらの場所の方が作業しやすいなど問題点や改善案が出始めます。さらに最適な置き場所の見直し、スペースを有効に活用した置き方へ、事務用品、消耗品の種類や量なども一部見直しをし、レベルアップします。70点レベルの5Sとは、作業効率、スペースの効率化、経費削減の成果が見え始めた段階です。一人ひとりの意識の変化も見られます。

### ③5S定着期……80点レベルを目指す

2年目からは、お客様に驚きと感動を与える5S職場を目指します。突然、お客様が訪問されても、笑顔と丁寧な応対で、自信を持って事務所をご案内できるようであれば、5Sが維持・定着できている職場です。職場が明るく、一人ひとりが自信ある顔つきで、テキパキとした仕事をこなしている職場です。全員が意識の変革ができ、5Sをブランドとした会社に変身します。

## 5Sの点数とレベル

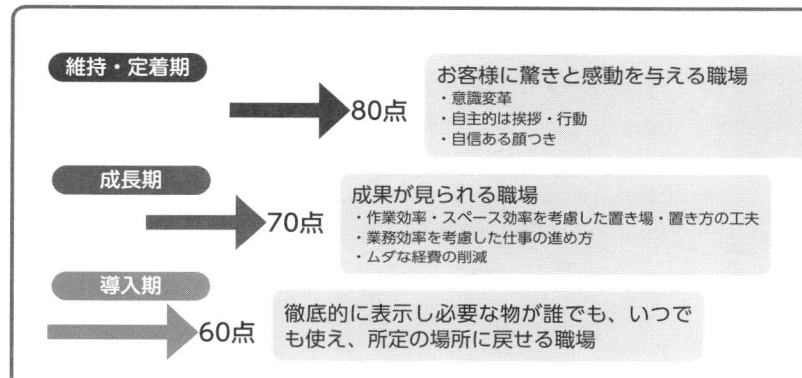

**維持・定着期** → 80点
**お客様に驚きと感動を与える職場**
・意識変革
・自主的は挨拶・行動
・自信ある顔つき

**成長期** → 70点
**成果が見られる職場**
・作業効率・スペース効率を考慮した置き場・置き方の工夫
・業務効率を考慮した仕事の進め方
・ムダな経費の削減

**導入期** → 60点
徹底的に表示し必要な物が誰でも、いつでも使え、所定の場所に戻せる職場

### ・5S活動計画の例

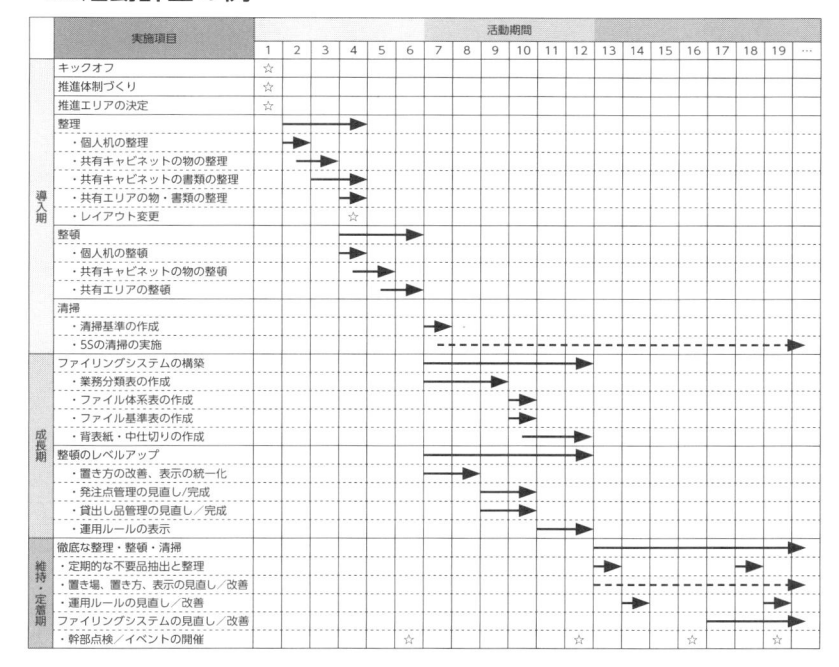

| | 実施項目 | 活動期間 | | | | | | | | | | | | | | | | | | |
|---|---|---|---|---|---|---|---|---|---|---|---|---|---|---|---|---|---|---|---|---|
| | | 1 | 2 | 3 | 4 | 5 | 6 | 7 | 8 | 9 | 10 | 11 | 12 | 13 | 14 | 15 | 16 | 17 | 18 | 19 |
| | キックオフ | ☆ | | | | | | | | | | | | | | | | | | | |
| | 推進体制づくり | ☆ | | | | | | | | | | | | | | | | | | | |
| | 推進エリアの決定 | ☆ | | | | | | | | | | | | | | | | | | | |
| 導入期 | 整理 | | | | | | | | | | | | | | | | | | | | |
| | ・個人机の整理 | | | → | | | | | | | | | | | | | | | | | |
| | ・共有キャビネットの物の整理 | | | | → | | | | | | | | | | | | | | | | |
| | ・共有キャビネットの書類の整理 | | | | | → | | | | | | | | | | | | | | | |
| | ・共有エリアの物・書類の整理 | | | | | | → | | | | | | | | | | | | | | |
| | ・レイアウト変更 | | | | | ☆ | | | | | | | | | | | | | | | |
| | 整頓 | | | | | | | | | | | | | | | | | | | | |
| | ・個人机の整頓 | | | | | → | | | | | | | | | | | | | | | |
| | ・共有キャビネットの物の整頓 | | | | | | → | | | | | | | | | | | | | | |
| | ・共有エリアの整頓 | | | | | | → | | | | | | | | | | | | | | |
| | 清掃 | | | | | | | | | | | | | | | | | | | | |
| | ・清掃基準の作成 | | | | | | | → | | | | | | | | | | | | | |
| | ・5Sの清掃の実施 | | | | | | | -------- | | | | | | | | | | | | → | |
| 成長期 | ファイリングシステムの構築 | | | | | | | | | | | | | | | | | | | | |
| | ・業務分類表の作成 | | | | | | | | → | | | | | | | | | | | | |
| | ・ファイル体系表の作成 | | | | | | | | | → | | | | | | | | | | | |
| | ・ファイル基準表の作成 | | | | | | | | | → | | | | | | | | | | | |
| | ・背表紙・中仕切りの作成 | | | | | | | | | | → | | | | | | | | | | |
| | 整頓のレベルアップ | | | | | | | | | | | | | | | | | | | | |
| | ・置き方の改善、表示の統一化 | | | | | | | | → | | | → | | | | | | | | | |
| | ・発注点管理の見直し/完成 | | | | | | | | | | → | | | | | | | | | | |
| | ・貸出し品管理の見直し/完成 | | | | | | | | | | → | | | | | | | | | | |
| | ・運用ルールの表示 | | | | | | | | | | | → | | | | | | | | | |
| 維持・定着期 | 徹底な整理・整頓・清掃 | | | | | | | | | | | | | | | | → | | | | |
| | ・定期的な不要品抽出と整理 | | | | | | | | | | | | → | | | → | | | | | |
| | ・置き場、置き方、表示の見直し/改善 | | | | | | | | | | | | | -------- | | | → | | | | |
| | ・運用ルールの見直し/改善 | | | | | | | | | | | | → | | | → | | | | | |
| | ファイリングシステムの見直し/改善 | | | | | | | | | | | | | | → | | | | | | |
| | ・幹部点検/イベントの開催 | | | | | ☆ | | | ☆ | | | | | ☆ | | | ☆ | | | | |

**POINT** 5Sを推進して、職場をグレードアップしよう!

COLUMN 9

## 5Sでできる社内コミュニケーション

　5Sは人づくりの場であり、社員のさまざまな潜在能力とキャラクターを引き出してくれます。

　個人机のワンベスト姿絵置きでは、手先の器用の人、アイデアマンが続出します。日頃の日曜大工の腕を発揮し、棚や容器製作の工務店役をかって出てくれる人もいます。廃棄物の処分やレイアウト変更時には、力持ちの人に助けられたことも多いはずです。嫌な仕事も黙って率先して実行してくれている人もいます。根気よく細かい表示をしてくれる人もいます。普段目立たない人がリーダーシップを発揮してくれます。褒め上手の人も次第に増えてきます。挨拶の声も自然に大きくなってきます。

　5Sで一人ひとりの良い面を発見しましょう。そして仲間をたくさん増やしましょう。5Sで真のコミュニケーションの輪をつなげていってください。

# 10章 事務所の5S　維持定着化のポイント

# 3Sの徹底で本格的な5Sへ

3Sの不十分な職場の一例を紹介します。

・**整理**……見えるところはすっきりしていますが、引き出しや扉を開けると、ホコリまみれのダンボールや変色した書類が放置されています。見えない箇所が整理できていない証拠です。

・**整頓**……表示の文字が小さくて見にくかったり、使用頻度が低いキャビネットは何も表示されていなかったりします。ワンベスト管理が浸透していても、工夫が見られない職場です。

・**清掃**……見える場所は、掃除していますが、見えない場所、気づかない箇所は何も清掃していません。

●**3Sから5Sの職場をめざそう**

整理・整頓・清掃は、5Sの重要な3要素です。3Sを徹底して実施した成果が、4つ目の5S「清潔」のレベルになります。清潔は、どこを見てもピカピカで、統一感があり、随所に「ご自慢の場所」がある職場の状態です。

そして、5つ目の5Sの「しつけ」は、一人ひとりが5Sの心を持って行動し、ルールが守られ、5Sが維持定着している職場の状態です。3Sを徹底的に実施し、5Sを維持定着できる職場にしましょう。

●**5Sは維持定着することが大事**

5Sをスタートしてからのある一定期間は、トップの「率先垂範」による指導や、推進事務局の働きかけで、全員が積極的に取り組み、ある程度のレベルまでは到達します。しかし、職場がすっきりと片づき、表示も揃ってくると、5Sができている職場だと判断し、満足してしまいます。その満足こそ、5Sが崩れる要因です。

5Sは、3S(整理・整頓・清掃)を徹底的にやり抜かないと、維持していくのはなかなか難しいものです。3Sが本当に徹底できているか、確認しましょう。

整理が不十分な職場は、必要な物と不要の物との判断ができず、徐々に不要物が増え、雑然とした職場になってしまいます。整頓が不十分な職場は、所定の場所に戻すことができず、チョコ置きが増え、探すムダが発生します。清掃が不十分な職場は、次第に清掃してもしなくても気にならず、ホコリまみれになってしまいます。

# 本格的な5Sのレベル

## ・基本のチェックポイント

| 成果 | ・お客様が訪社されたときの第一声が「すごい」「いいね」と驚きと感動を与える職場で、社員一人ひとりが応対できている<br>・職場は明るく良好なコミュニケーションの下、社員一人ひとりが笑顔でテキパキと仕事をしており、来訪者（顧客）に対して挨拶、丁寧な対応がなされている<br>・5Sで仕事を効率良く回していることがわかる<br>・整理・整頓のために特別に時間をかけることなく、当たり前のように維持定着されている<br>・5S活動が顧客拡大、売上増大、生産性向上、業務効率化、業務/作業のスピードアップ、残業時間の削減、業績向上に貢献している |
|---|---|
| 置き場 | ・業務や作業に必要な物（定品）をいくつ（定量）どこに置くか（定置）決められており、ワンロケーション、ワンアクション、ワンシステムで確実に実行できる最適な場所に置かれている |
| 置き方 | ・業務効率、作業効率、CS、スペース効率、安全性が確保されたさまざまなアイデアが盛り込まれた置き方、表示で見やすく、識別しやすく、探しやすい。また、ワンストックが浸透し、在庫削減、経費削減に貢献されている。<br>・全てがご自慢の場所であり、社員のアイデアや知恵の結集した整頓がなされ、他社では真似できない |
| 表示 | ・徹底的に表示がされており、表示率は100％<br>・職場の中で表示ルールが確立されている<br>・表示は大きく、見やすく、美しく、会社のイメージアップに役立っている |

## ・場所別のチェックポイント

| 個人机 | ・個人机の上、引き出しの中は、いつも個人の机の管理基準どおり維持管理されている<br>・個人机の事務用品、私物、真ん中の引き出しの中は、ワンベスト姿絵置きで管理されており、必要以上持ち込まない、置きっぱなしにしないルールが確立されている<br>・仕掛書類・伝票ボックスの書類は、状態表示から業務日程計画、進捗状況が判断でき、計画的に業務が遂行されているため、停滞書類が減ってきており、担当者が不在時でも仕掛書類ボックスによって対応することができる<br>・参考書類名が引き出しに表示されており、業務に必要な参考書類の管理がされている |
|---|---|
| 個人ロッカー | ・個人ロッカーはいつも整理、整頓、清掃がされており、いつもきれい<br>・ロッカーで保管する管理ルールが決められており、保管管理ルール以外は入れられていない |
| 仕掛伝票棚 | ・棚には何の業務に必要な伝票であるのか扉の表示ができており、仕掛状態が判断でき、伝票の置き場表示で業務遅れ、異常・問題点が誰にでも判断でき、業務手順のルールが表示されている |
| 書籍・地図・雑誌コーナー | ・書籍は分野別に分類表示され、業務に必要な書籍が一目で探せて、元の場所にすぐに戻せる<br>・地図は地域別に分類表示され、必要時に探して、元の場所にすぐに戻せる<br>・雑誌は定期購読と都度講読の雑誌に分類され、購入時期と廃棄する時期が循環で管理され、必要な雑誌がすぐに探せて、元の場所にすぐに戻せる |
| 事務用品・消耗品共通在庫置き場 | ・用途別、カテゴリー別に置き場が分類されており、カラー識別で見やすく、探しやすい工夫がされている<br>・欠品防止策と在庫削減対策を考慮した事務用品、消耗品、部品、資材等の発注点管理が確実に運用され、種類の見直し、数の見直しがされている。さらに省スペース化、在庫削減が推進されている |
| 給湯室・冷蔵庫 | ・食器、洗剤などの置き場や配置数が決められており、発注点管理がなされ、いつもピカピカに清掃されている<br>・冷蔵後の飲み物は、誰がいつ持ち込んだのかボトルキープ札で識別されている。消費期限管理ができ、置きっぱなしはない |
| ファイリングシステム | ・業務調査に基づき、仕事を基準とした業務分類表、ファイル体系表、ファイル基準表が作成され、当社の仕事の体系が確立されている<br>・ファイリングシステムの構築により、重複作業の排除、業務分担の見直しを行い、ムダが排除されている<br>・ファイルマップや早見表により誰でも10秒以内で必要な書類を探すことができる |
| 清掃<br>安全 | ・いつでも、どこを見ても不要物はなく、決められた場所に必要な物が戻されており、清掃基準どおりにピカピカに清掃されている |

# 2 新人や異動者も仲間入り

手配をしてしまうかもしれません。そのようなことを避けるために、新しい職場に慣れること、業務を覚えることの一環として、教育担当者を決めて3日以内に、事務所で推進している5Sの運用ルールを説明しましょう。

● 5S教育の主な内容と道具の準備

① 5Sとは
② 5S必要性と目的
③ 個人の机の管理基準と引き出しの表示札
④ 事務用品のワンベスト姿絵置きのやり方と発泡ポリエチレンシートの提供
⑤ 仕掛書類管理基準と仕掛書類ボックスの提供
⑥ 共有置き場の配置の目的と表示の目的
⑦ 発注点管理、貸出し管理などの運用・使用ルール
⑧ ファイリングシステムの考え方と背表紙作成方法
⑨ 清掃基準と清掃分担 など

なお、新人や異動者へ5Sの運用ルールを説明した後で、見やすかった箇所、探しやすかった点、わかりにくかった点や不便な箇所を聞いたりすると、さらに5Sが改善されます。新人や異動者も5Sの仲間入りをしてもらいましょう。

● 5Sを崩してしまう一因

5Sが崩れてしまう理由はいくつかありますが、中には人が原因となることがあります。それは、新人や5Sを推進していない部署からの異動者です。

新人や異動者は、5Sそのものを知らない人が多いです。5Sの必要性や目的も進め方もわからないために、無意識のうちに5Sを崩してしまう可能性があるのです。入社や異動時は、個人机に入れる物や書類が少ないですが、しばらくするとさまざまな私物を持ち込み、仕掛書類もあちらこちらの引き出しにしまい込んでしまい、あっという間に乱雑状態になってしまいます。

共有の事務用品、消耗品、書類は、ワンロケーションで置かれ、表示があるので必要な物や書類が探しやすく、使用しやすいと便利さは感じます。しかし、所定の場所にきちんと戻さないと便利さはなくなります。最大在庫量や発注量を決めても多い方が安全と思って、発注量以上の

## 新人・異動者への説明ポイント

### ポイント1　教育は推進リーダーが担当しよう

- 推進リーダーのファンが増える
- 推進リーダーも説明することによって事務所の5Sの必要性の理解が深まる

### ポイント2　説明は、各々の現場（置き場）で実物を見ながら行おう

- 個人机の5Sのルールは、推進リーダーの机を見せながら管理基準を説明しよう
- 仕掛書類ボックス管理の運用方法も忘れずに！
- 共有事務用品置き場では、発注点カードの運用方法を実演しよう
- 運用ルールが表示されている箇所は、運用ルールを読みながら手順を説明する
- 業務分類表で自部門の業務内容と担当分けを説明し、業務に必要な書類の保管場所へナビゲーションする

### ポイント3　5Sの効果を説明しよう

- 探しやすくなったこと
- 経費削減に効果があること
- 書類は30秒で取り出せることを実演しよう
- ワンベスト管理の考え方と効果も忘れずに！

### ポイント4　全員で5Sを維持していくことも説明しよう

- 自分たちのための5Sであること
- 一人ひとりが思いやりの心を持つこと

# 管理責任者の役割を明確にしよう

## ●5Sは日々見直しをすることが大事

5Sが崩れる場所の一つが、共有エリアとキャビネットです。5Sを徹底的に実施しても、次第に所定の場所に必要な物が戻されず、物がなくなってしまったり、表示と違った物が置かれていたり、必要数以上の物が置かれていたりします。

日々業務を行っていれば、業務に必要な新しい物は必ず増えます。必要な物もしばらくして使えない物、使わなくなった物になります。数量管理をしていても、量は増えてしまいます。そのため、新しく増えた物は、種類や用途に関連した最適な置き場所に置けるように、現在の配置や、量の見直しをしなければなりません。

また、使えない物はその場所から撤去しなければなりません。使わなくなった物は、不要品基準に該当しなければなりません。不要品基準に従って処分しなければなりません。不要品基準に該当する物がなかったら、不要品基準を改訂しなければなりません。決め

られた数量以上置かれている理由を確認し、ルールを見直していきましょう。

## ●皆でルールを改善していこう

問題は、誰がこのような見直し・改訂をするかです。

それは、共有エリアやキャビネットの置き場に表示した管理責任者です。各置き場所の管理責任者は、自分は何を管理するのか役割を認識してください。役割を果たすために毎日、管理担当場所をチェックしましょう。

・戻し忘れがないか
・表示と違う物が置かれていないか
・表示が剥がれていないか、剥がれかかっていないか
・新しい物が増えていないか
・容器や置き場所が溢れていないか　など

不具合が見つかったら、自分で置き直すことも必要ですが、発見した問題点を朝礼などで全員に知らせて、ルールを守るよう注意しましょう。また、ルールが守れない理由もあるはずです。その理由を聞いて、職場の人に協力を得て、置き方、配置、容器、基準などを見直し、改善しましょう。皆でルールが守れる5S職場が維持定着化のスタートです。

188

# 10章　事務所の5S　維持定着化のポイント

## 置き場の管理責任者は明確にしよう

### 各置き場の管理責任者の役割

| | チェック項目 | | 改善実施項目 |
|---|---|---|---|
| 維持定着チェック | 位置表示どおりに物が置かれていますか？ | → | 置き直して、朝礼で注意　注意事項を表示 |
| | 紛失した物はありませんか？ | | 紛失物の捜索　紛失原因調査　運用ルールづくり |
| | 表示が剥がれかかっていませんか？ | | 表示再作成 |
| | 表示がなくなっていませんか？ | | 表示再作成 |
| レベルアップ | 表示は見やすいですか？ | → | 表示物を大きく、カラーコーディネイト |
| | 取り出しやすいですか？ | | 置き方の改善 |
| | 戻しやすいですか？ | | 置き方の改善 |
| 新入りチェック | 新品は増えていませんか？ | → | 置き場所の決定、現在の配置換えと移動 |
| | | | 配置数量の決定 |
| | | | 置き方を考え、容器や道具を準備 |
| | | | 表示 |
| お疲れさんチェック | 使えなくなった物はありませんか？ | → | 不要物の抽出 |
| | | | 不要物の撤去と処分 |

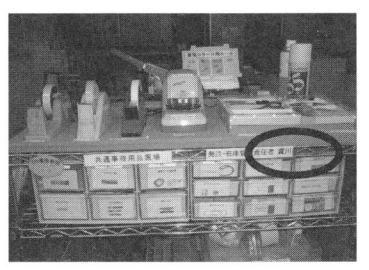

# 4 チェックを習慣化しよう

## ●5Sは維持定着するまでチェックを繰り返そう

5Sスタート時は、整理、整頓、清掃の進捗状況を推進リーダーや事務局がチェックし、不足している箇所を指摘し合いながら、改善します。改善した箇所を再度チェックし、実施できたことを確認します。これを繰り返していくと5Sのレベルがアップしますが、いつしかこのチェックもしなくなります。チェックをしなくなると徐々に5Sも崩れてしまいます。

本来ならば、チェックをしなくても一人ひとりが決められた物は決められたところにきちんと戻したり、自主的に注意し合い意識を高め、品性の高い職場にしていくのが5Sの目的です。しかし、一人ひとりの品性が高められるまでは、**チェックするしくみをつくって実行し、不具合な箇所を改善していくこと**が、5Sを維持定着化させるポイントです。

## ●5Sのチェックのやり方

どこを、いつ、誰がどのようにチェックするのかを決めましょう。次のチェックをすることをおすすめします。

・自己チェック

個人机を毎日、自分で目視により、「個人机の管理基準」で決めた置き場所どおりに物が置かれているか、私物が増えていないか、仕掛書類はルールどおりに区分けされているかなどをチェックします。見えない箇所で崩れる代表が個人机です。

・職場5S点検

月1回、職場リーダーが担当エリアを職場5S点検表でチェックします。チェック時には、置き場の管理責任者も参加すると、不具合な点を伝達しやすいです。

・幹部5S点検

会社の各職場を3カ月もしくは半年に1回、社長、部長などの幹部が、5S幹部点検表でチェックします。チェック時には、職場リーダーや置き場の管理責任者も参加するとよいでしょう。

なお、チェックした結果は、必ずフォローアップしましょう。また、職場相互チェックなども効果的です。チェックをイベント化して楽しくやると盛り上がりますよ。

## 職場の5S点検チェックリスト

| 5S点検チェックリスト | | | 点検者： | | 点検日： | | | | |
|---|---|---|---|---|---|---|---|---|---|
| 目的 | | 80点を達成するために現状レベルを認識し、今後実施すべき項目を明確にする。未達成箇所は、活動計画で実施のフォローをすること。 | | | | | | | |
| 分類 | No | 点 検 項 目 | 成果が見える 定着化 | 工夫されている | 概ね実施されている（合格点） | やりつつあるが一部不十分 | ほとんど未実施 やり直し | | |
| | | | 10 | 8 | 6 | 4 | 2 | | |
| 基準類 | 1 | 不用品基準表は作成されているか | | | | | | | |
| | 2 | 事務用品、備品等の手持ち基準（個人持ち、共有）は作成されているか | | | | | | | |
| | 3 | 整頓基準表（レイアウトマップ、表示基準、ロケーション基準、置き場ルール、個人の机の管理基準、仕掛書類管理基準、在庫・発注点管理基準等）は作成されているか | | | | | | | |
| 個人の机 | 6 | 個人の机の管理基準どおりに引き出し（真ん中、袖）には保管物の表示がされているか | | | | | | | |
| | 7 | 机の引き出しの中には決められた物以外は置かれていないか | | | | | | | |
| | 8 | 机の事務用品は、ワンベスト置きがされているか | | | | | | | |
| | 9 | 机の中の私物置き場には業務に不要な物や業務関連した物は入っていないか（サンプル、伝票、CD、フロッピーなど） | | | | | | | |
| | 10 | 机の中の参考書類置き場には、業務に関連した共通ファイルが置かれていないか | | | | | | | |
| | | ： | | | | | | | |
| 仕掛書類の管理 | 18 | 仕掛書類は仕掛書類ボックスに入っているか | | | | | | | |
| | 19 | 誰の仕掛書類ボックスかわかるようになっているか | | | | | | | |
| | 20 | 仕掛書類ボックスの中は、仕事の計画、進捗状態がわかるように分類されているか | | | | | | | |
| | | ： | | | | | | | |
| キャビネット&ファイリング | 23 | キャビネットの扉にはロケーション番号、管理責任者、保管する書類等が表示されているか | | | | | | | |
| | 24 | キャビネットの表示はきれいに整然と貼られているか | | | | | | | |
| | 25 | キャビネットの棚には、棚番号がつけられているか | | | | | | | |
| | 26 | キャビネットの中に保管されているファイル、ボックスファイルには背表紙が正しく表示されているか | | | | | | | |
| | 27 | 背表紙は見やすく探しやすいか | | | | | | | |
| | | ： | | | | | | | |
| 共通事務用品・消耗品置き場 | 34 | 共通事務用品置き場の置き場表示、品名がきれいに見やすく表示されているか（表示物の剥がれはないか） | | | | | | | |
| | 35 | 管理責任者が表示されているか | | | | | | | |
| | 36 | 事務用品、消耗品の置場は関連性を持たせた置く位置、置き方 | | | | | | | |
| | | ： | | | | | | | |
| コピー機・FAX | 41 | コピー機の周りはきれいか | | | | | | | |
| | 42 | コピー機の周辺のコピー用紙保管キャビネットは置き場、内容物の表示がされているか | | | | | | | |
| | 43 | コピー用紙の補充点管理はされているか | | | | | | | |
| | | ： | | | | | | | |
| 所感 | | | | | | 合計点① | | 点 | |
| | | | | | | 評価点（①÷チェック項目数×10） | | 点 | |

# 維持定着のポイントは5S基準の管理

が維持定着のポイントです。

● **5Sは基準と表示で管理する**

5S基準の管理がずさんだと、推進リーダー交替時、5S基準がどこに保管しているかわからなかったり、最新版かどうか判断できなかったり、背表紙や表示フォーマットが見つからないなどの問題が発生します。

5Sを維持定着するためには、次のように5S基準を定めることをおすすめします。

① 職場リーダーが個人持ちしない……5S基準は印刷し、ワンファイルで共有キャビネットにてセンター管理する。電子データは、共有フォルダで最新版管理をする。

② 最新版の識別ができるようにする……作成日、版数、作成者を明記し、責任者の承認を得る

③ 5S基準は定期的に見直しするしくみをつくる……見直しをした内容と経緯を別紙に記入・添付しておく

5Sは、基準と表示で標準化をする活動です。管理責任者を決め、ワンロケーションで管理することはもちろんのこと、常に実態に合った基準に見直し実行することで、5Sを維持定着させ、さらなるレベルアップを図りましょう。

● **5S基準はワンロケーション管理**

5Sは、5S基準が守られていなければ、維持定着化は図れません。5S基準をおさらいしましょう。

・整理基準
① 不要品基準、② 手持ち基準、③ 私物の定義、④ 書類の即廃棄基準、⑤ 書類の所定廃棄基準（書類管理基準）

・整頓基準
① 表示基準、② 表示フォーマット、③ 発注点・補充点管理基準、④ 貸出しルール、⑤ 運用ルール

・清掃基準
① 清掃基準・分担表、② 清掃点検表、③ 5Sチェックリスト

・ファイリングシステム基準
① 業務分類表、② ファイル体系表、③ ファイル基準表、④ 背表紙フォーマット

これらの5S基準をワンロケーションで管理すること

## 5S基準のまとめ

### 整理基準
① 不要品基準
② 手持ち基準
③ 私物の定義
④ 書類の即廃棄基準
⑤ 書類の所定廃棄基準

### 整頓基準
① 表示基準
② 表示フォーマット
③ 発注点・補充点管理基準
④ 貸出しルール
⑤ 運用ルール

### 清掃基準
① 清掃基準・分担表
② 清掃点検表
③ 5Sチェックリスト

### ファイリングシステム基準
① 業務分類表
② ファイル体系表
③ ファイル基準表
④ 背表紙フォーマット

**POINT** 5S基準もワンロケーションで管理することがポイント

# 6 ファイリングシステムの維持定着

## ●完成度の高いファイリングシステムになっているか？

ファイリングシステムを有効活用し、書類を保管から保存、廃棄へと容易に移管ができるしくみを維持定着するためには、完成度の高いファイリングシステムでなければなりません。そのために、構築したファイリングシステムの完成度を再度チェックしてみてください。

- 業務分類表、ファイル体系表、ファイル基準表の大分類、中分類、小分類の整合が取れているか？
- 背表紙はファイル基準表どおりに作成されているか？
- 全てのファイルに背表紙が作成されているか？
- 保管期間、保存期間が活用の実態に合い、適切に設定されているか？
- ファイルの中仕切り（年度、月、書類名など）が適切につけられているか？

ファイリングシステムの不備は背表紙でチェックできます。背表紙は修正したが、ファイル基準表やファイル体系表、業務分類表を修正し忘れることがあります。構築時と逆の手順で、修正されているかどうかチェックしてください。また、各基準には、改訂日、版数、作成者、承認者を必ず記入するようにします。

## ●ファイリングシステムの維持定着のポイント

ファイリングシステムの完成度に問題がなければ、次の運用面のルールが明確に決められているかどうかを確認しましょう。

① 管理責任者の選任。業務分類表、ファイル体系表、ファイル基準表、背表紙フォーマットの最新版（書類、電子データ）の管理。新人・異動者への教育

② 職場全員にファイリングシステムの考え方や、しくみの教育

③ 新たに書類が増えたときや、新たな業務が追加になったとき、組織変更があったときなどの、業務分類表、ファイル体系表、ファイル基準表の見直し・改訂

④ 書類を保管から保存、廃棄へ移管する時期の設定と移管漏れがないかのチェックの徹底

システムの完成度が高く、全員がしくみを理解し、仕事がやりやすいと実感されれば、ファイリングシステムは会社のしくみとして維持定着させることができます。

194

# 10章 事務所の5S 維持定着化のポイント

## ファイリングシステムの連鎖体系

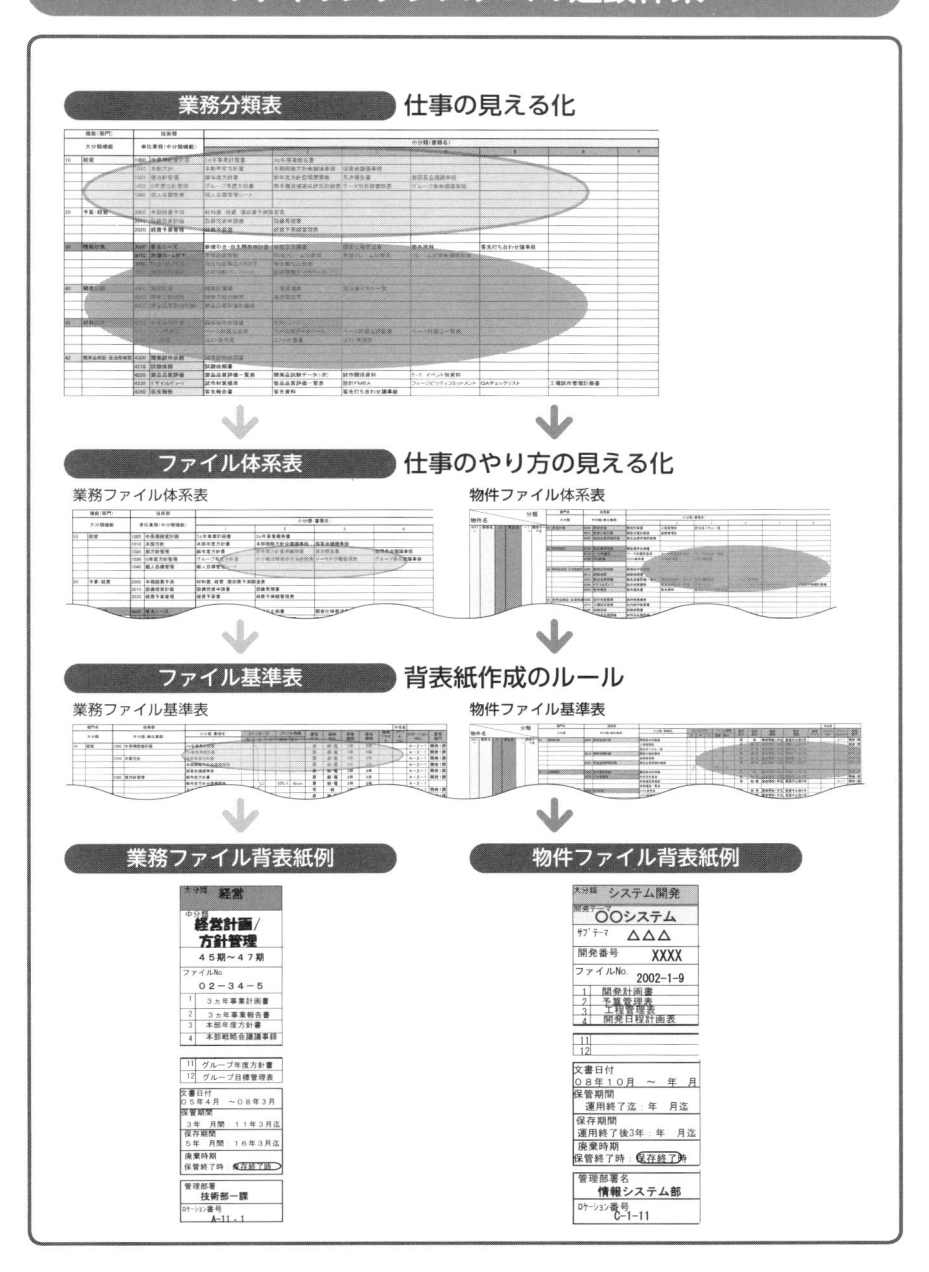

**業務分類表** → 仕事の見える化

↓

**ファイル体系表** → 仕事のやり方の見える化

業務ファイル体系表　　　物件ファイル体系表

↓

**ファイル基準表** → 背表紙作成のルール

業務ファイル基準表　　　物件ファイル基準表

↓

**業務ファイル背表紙例**　　　**物件ファイル背表紙例**

# 7 イベントで活性化しよう

## ●5S活動のモチベーションを上げるためのヒント

5Sは、永続的に行う活動です。スタート当初は、多くの時間と労力を費やしますが、その後は維持定着とレベルアップの活動ですので、多くの時間は必要としません。一人ひとりがきちんと5Sを運用していくことが重要となります。そのためには、5S活動のムードづくりをして、一人ひとりのモチベーションを上げることが最大のポイントです。具体的には、次のようなイベントを企画・実施することをおすすめします。

### ①社内5S見学ツアーの開催

他部門が実施している5Sの状況や成果は、意外と知りません。事務局が各部門のご自慢の場所を紹介する社内5S見学ツアーを企画し、実行しましょう。見学者の勉強になりますし、見学される部門も他部門の人たちが見学にくるとなるとさらに5Sに力が入ります。部門間の壁を取り除く絶好のチャンスにもなります。

### ②他社の事例紹介

たとえば中産連では、企業見学会、マネジメント大会、VM大会、さらには雑誌などで各社の5Sの成功事例を紹介しています。他社の5Sの取り組み状況やさまざまなアイデアを習得し、自社内で紹介・実践することはレベルアップにつながります。

### ③5Sコンクール

これまでの5Sの成果を確認するとともに、今までの活動の労をねぎらい、今後の活動への再チャレンジ心を湧き立たせるために、5Sコンクールを企画・開催することをおすすめします。わずかな賞金や賞品でも、競争意識で活気が出ますし、職場内のチームワークやコミュニケーションアップが期待できます。

### ④見学会の開催

お客様や他社からの見学が多くなると、5Sがさらに促進されます。一人ひとりの顔つきも行動も変わります。お客様に驚きと感動を与える職場を目指しましょう。

この他、5S活動の活性策としては、推進体制組織の定期的なメンバーチェンジ、活動目標や重点実施テーマの設定などがあります。事務所の5Sをブランドとして継続されることを期待しています。

## 5Sコンクールのお知らせの例

# 5S活動ニュース

| 発行No. | 1 |
|---|---|
| 発行年月日 | 200X.XX.XX |
| 責任者 | 推進事務局 |

**今月のテーマ**　個人机の5Sを徹底して業務効率アップ！

### ❶ 5Sコンクールのお知らせ

いい仕事は、個人机の5Sからです。
しかし、最近、個人机が乱れ始めているようです。
個人机の管理基準に従って整理、整頓、清掃ができているか再チェックしてください。
事務所の5Sコンクールを開催します。
個人机で自分の仕事のやり方を自慢しましょう！！

　　開催日　　：3月19日（月）14時〜17時
　　対象部門　：全部門全員（役職者含む）
　　評価対象　：個人机（机の上、引き出しの中、仕掛書類ボックス、机の下）
　　評価者　　：5S委員長、推進事務局長
　　表彰　　　：個人賞　　金賞、銀賞、銅賞　各1名
　　　　　　　　部門賞　　最優秀部門賞　　　1部門

### ❷ 5Sコンクールの評価基準

次の評価項目、評価基準で一人ひとり評価します。

【机の上】　　　　①パソコン、電話、仕掛書類ボックス以外置かれていない
　　　　　　　　　②ホコリやゴムが付着していない
【引き出しの中】　①机の管理基準に従って置き場を決め表示がされている
　　　　　　　　　②真ん中の幅広引き出しは、早見表・ノート・メモ用紙・個人提出書類以外入っていない
　　　　　　　　　③事務用品はワンベスト姿絵置きで品名表示がされている
　　　　　　　　　④持ち込み可能な私物以外入ってなく、スッキリしている
　　　　　　　　　⑤参考書類は背表紙が記入され、分類整理されている
【仕掛書類ボックス】①業務に対応した仕掛の状態別に分類識別されている
　　　　　　　　　②本日処理する分が仕分けされている
　　　　　　　　　③対応待ちの理由、対応期間が一目でわかるようになっている
【机の下】　　　　①何も置かれていない
　　　　　　　　　②配線ケーブルが結束され、ホコリがたまっていない

# おわりに

本書では、管理・間接部門の業務の効率化とコストダウンの手段として、事務所における5S活動について取り上げました。本書を読み、事務所の5S活動を進めていけば、ムダがない快適な空間で、仕事のやりがいが感じられる明るい雰囲気の中ではじめて、業務の効率化が実現するということが理解していただけるでしょう。

一人ひとりがやる気になって、楽しく活動をすれば、チームワークが良くなり、一人ひとりが「思いやりの心」「気配りの心」「物を大切にする心」「時間を大切にする心」を持って行動すれば、強固な企業体質になります。お客様への対応力も迅速かつ的確になります。さらに、創造性、独創性、企画力、折衝力、技術力も強化され、その成果は、必ず業績の向上、利益の増大につながります。

まさしく5Sは経営革新の礎となる活動です。焦らず、ステップバイステップで皆さんの力で会社を「驚きと感動の職場」に変革しましょう。

最後に、成功事例の紹介をお許しいただいた、旭硝子株式会社 愛知工場様、AGCマテックス株式会社様、大信産業株式会社様、富士電機株式会社 東京事業所機器生産センター様、株式会社名晃様、ヤンマー株式会社 特機エンジン事業本部様、ヤンマーエンジニアリング株式会社様には、紙面をお借りして心より感謝申し上げます。

また、本書の企画と出版にご尽力をいただいた同文舘出版様をはじめとする関係者にもお礼を申し述べます。

小林啓子

## 事例を紹介してくださった企業（五十音順）

### ●旭硝子株式会社　愛知工場　AGCガラスカンパニー　日本・アジア事業本部
- **所在地**　〒470-2394　愛知県知多郡武豊町字旭1
- **事業内容**　フロート板ガラス／自動車用安全ガラスの製造

### ●AGCマテックス株式会社
- **所在地**　〒252-0212　神奈川県相模原市中央区宮下1-2-27
- **事業内容**　繊維強化プラスチック（FRP）の開発／設計／製造／施工／販売
  樹脂製品の開発／設計／製造／施工／販売
  建築採光製品の開発／設計／製造／施工／販売

### ●大信産業株式会社
- **所在地**　〒386-0016　長野県上田市国分1-1-9
- **事業内容**　自動車、二輪車、汎用輸送機のブレーキ製品、用品の企画・販売

### ●富士電機株式会社　東京事業所機器生産センター
- **所在地**　〒191-8502　東京都日野市富士町1番地
- **事業内容**　制御／監視装置、放射線測定機器システム、計測機器、画像応用機器、ガス分析／警報機器の開発・設計・製造・販売

### ●株式会社名晃
- **所在地**　〒503-0112　岐阜県安八郡安八町東結1092-1
- **事業内容**　一般廃棄物・産業廃棄物収集運搬／産業廃棄物処理

### ●ヤンマー株式会社　特機エンジン事業本部
- **所在地**　〒660-8585　兵庫県尼崎市長洲東通1丁目1番1号
- **事業内容**　ディーゼルエンジン／ガスエンジン／ガスタービンの開発・販売・製造・サービス

### ●ヤンマーエンジニアリング株式会社
- **所在地**　〒660-8585　兵庫県尼崎市長洲東通1丁目1番1号（ヤンマー尼崎工場内）
- **事業内容**　各種内燃機関及び関連機器の据付／修理／付帯工事
  整備部品及び関連機器

■著者略歴

小林　啓子（こばやし　けいこ）
ＫＥＩコンサルティング　代表　主席コンサルタント
一般社団法人 中部産業連盟　委嘱コンサルタント
公益社団法人全日本能率連盟認定マスター・マネジメント・コンサルタント
公益財団法人日本生産性本部認定経営コンサルタント
1997年中産連入職以来多数の企業でコンサルティング、教育研修に従事。指導先は、140社以上。2015年4月ＫＥＩコンサルティング開業。日刊工業新聞社をはじめとした各地の教育機関においてセミナー講師として活躍中。専門分野は、事務所および製造現場の5Ｓ、ＶＭ（Visual Management）活動の推進、管理・間接部門の業務改善、生産現場改善、生産管理システムの構築、管理会計制度の構築、情報セキュリティマネジメントシステムの構築など。

【お問い合わせ】
ＫＥＩコンサルティング　E-mail　p7y9w8@bma.biglobe.ne.jp

---

オフィスのムダをなくして業務効率アップ！
# 実践！事務所の「5S」

平成24年 5月 7日　初版発行
平成30年 9月15日　4刷発行

著　者 ── 小林啓子

発行者 ── 中島治久

発行所 ── 同文舘出版株式会社
　　　　東京都千代田区神田神保町1-41　〒101-0051
　　　　営業 03（3294）1801　編集 03（3294）1802
　　　　振替 00100-8-42935　http://www.dobunkan.co.jp

©K.Kobayashi　ISBN978-4-495-59801-3
印刷／製本：シナノ　Printed in Japan 2012

JCOPY〈出版者著作権管理機構 委託出版物〉
本書の無断複製は著作権法上での例外を除き禁じられています。複製される場合は、そのつど事前に、出版者著作権管理機構（電話 03-3513-6969、FAX03-3513-6979、e-mail：info@jcopy.or.jp）の許諾を得てください。